讓生命潛能 帶你探索心靈世界的真、善、美
Life Potential Publishing Co., Ltd

Opening to Channel

開放通靈

如何連結你的指導靈

珊娜雅・羅曼 & 杜安・派克 Sanaya Roman & Duane Packer著 羅孝英譯

目錄

譯者序——

陪伴人生的智慧內應——指導靈

羅孝英

「我是誰？」「我為什麼在這裡？」記得小時候常常仰望天空，在心中詢問這些問題。我從未聽見答案，然而這些疑問帶領著我的追尋。它們先把我帶進了各種宗教，然後送進高能物理的領域，而我同時開始接觸新時代訊息，開始有了「指導靈」的概念。我很難界定自己相不相信指導靈的存在，彷彿心是相信的，而頭腦不然。

我喜歡「歐林」的書，喜歡悠遊在歐林的字裡行間所感受的心情變化。彷彿天下沒有什麼好苦惱的事，而自己也變得溫柔寬大起來。看歐林的書會讓痛苦與低潮結束得更快，讓喜悅和內在的滿足延續得更久。很自然地，我常在心裡和歐林對話，思考他提出的觀點，自言自語、自問自答、自得其樂。完全不需要提醒或學習，就像祈禱時和神說話一樣，久而久之，「指導靈」從概念變成了「想像」的經驗。

記得一九九九年，我拿了《開放通靈》書中「請朋友幫忙提問指導靈的題庫」，準備好錄音機，和一位有經驗的朋友，第一次嘗試「開放通靈」。有趣的是，什麼事也沒有發生……因為錄音機壞了。當下壞了，而當我離開讓指導靈口述的狀態，就又好了。

然而，就是從那個時候起，我開始殷切地追逐歐林和達本各種主題的課程。如有「神」助，當一個探索完成，另一個探索就開始。我從來沒有計畫，然而我的經驗就是計畫。或者這麼說，當我完成其中一個，我發現它剛好是必要的認識和過程，引導我到下一個過程，而這一切嵌合在更大的版圖中，一個接著一個發生。

後來順隨自然，我開始分享課程、帶冥想。我能清楚地分辨不同的意識狀態。我常常向我說出的話學習，儼然不是我懂得才說，而是我說了才懂。特別在一些我感興趣的主題上，像是次元、能量、空間……等等，彷彿我得到某種靈感，可以把資訊組合成新的觀點。

直到時機成熟，我才逐漸接受「通靈」。

通靈是心理現象還是物理現象？我想，兩者皆是。回首當初，我感謝我的「不成功」經驗，我的指導靈的全相觀點了解，對我而言，「不成功」比「成功」更好。因為即使我的第一次徹底成功，也不敵我的頭腦的質疑。這個在書中的第十四章有詳盡的說明。

我的經驗是：人生的重要際遇，都有安排。我們除了心想事成的天生本領之外，還有一個內應。如果宇宙像是阿拉丁神燈，這個內應會指導你如何要求，好讓神燈精靈為你實現一切。即使你不要求，他也會幫你安排，而且會自然得像是你自己想要的一樣。

指導靈並非信仰，指導靈毋寧說是一位朋友，一個我們在人間旅行的陪伴。有意識地對最高的指導靈開放，像是允許我們建構連結通往未知宇宙龐大資料庫的光纖，必要的資訊能隨時下傳，如此讓這段旅程更豐富、更輕易。

神通並非「通靈」的重點，「通靈」的目的是成為美好資訊的通透管道，啟動「天人合一」的合作。亞特蘭提斯人曾經在地球上建立的極盛文明，便來自聆聽並與內在的神聖存在一同合作，這種開放讓他們與自然和諧相處，尊重所有的生命，並為自己創造極度純淨、美好而先進的環境和生活品質。這一種能力，在二〇一二年之後，將被廣泛的開展和應用。

當你翻閱這一本書，你的通靈時機便成熟了。因為不管你知不知道，你的指導靈都已和你合作許久，而正在強烈地向你傳訊，邀請你對他開放，因為你們有更大的合作計畫要完成，需要更加緊密的連繫。如果你像我一樣，「成功」經驗夾雜在「不成功」之中發生也無妨，請耐心嘗試。因為這是一個劃時代的經驗，它無論如何都在進行。

邀請你探索發送者的世界如何協助接收者的生活，並且改善通訊的品質，如此，人類世界的進化將突飛猛進，順利而輕易。

前言——

給所有對通靈訊息開放的人

「自從我開始通靈以來，我經常感覺我的心是開放的，我對世界的看法完全不同。人們變得友善許多，而我也更願意做我自己。我遇見許多美好的人，我無法相信生活可以感覺這麼好。」

一位與指導靈連結的女士

◆通靈能改變你的生活

這本書傳達一個訊息：通靈是一種可以學習的技巧。通靈包括達到一種擴展的意識狀態，如此你能連結高層次的指導靈、你的大我或你的本源。要通靈，你不需要有高度的靈性進化或是天生的靈通者，然而你確實需要有耐心、堅持和強烈的欲望去連結。

我們鼓勵你做個有意識的通靈者——能覺察你的指導靈說什麼。你將學習如何提升你的振動頻率，在你的指導靈所在的高次元空間感知、觀看或聆聽，並有意識地帶回訊息。過去用「靈媒」或「靈通」等字眼來談與指導靈的接觸，現在則用「通靈」來取代。「出神通靈」指的是在出神狀態的通靈，在這本書中，我們用「通靈」來簡稱它。

通靈是真的嗎？有數百則科學家想否認超自然現象、卻不得不相信眼睛看不見的事情的確存在的故事，因而開始贊同通靈或自己也成了訊息管道。雖然在普通知覺下沒有辦法證明通靈是否為真，我們卻看見許多人運用它在生活中創造正面的結果。

過去幾年，我們與我們的指導靈——歐林和達本教會許多人通靈，並追蹤他們的通靈發展。這些人的共通點是對通靈的強烈渴望；他們的報告表示通靈讓他們的生活更美好。他們說他們能看到更大的畫面，更正面地面對世界，發現他們能對自己和別人更慈悲。幾乎所有的人都說，他們因為這些新的態度、更清晰的生命願景和更信任內在的訊息而改變，並體驗到更大的豐盛。人們說這種成就像自然發生地，他們覺得自己順著生命之流而非抗拒它。點點滴滴中，人們發現生活有了更高的秩序、更有意義和目的感。很多人覺得通靈是他們的重大突破和邁向開悟的工具。

我們不斷發現，許多學習通靈後有了巨大的個人和靈性成長的案例；我們不僅看見人們的內在生活——人際關係、感情、自我價值——變得更正面，外在生活也變得更美好。父母對於幫助孩子開展潛力更有知覺；夫妻開始新的溝通，並發現彼此更深的連結；人們發現自己更容易幫助、體諒和寬恕別人。他們創造生活環境、工作和生涯規畫，更符合他們是誰和他們喜歡做的事。

通靈幫助人們發現更高的方向並達成它。我們還沒有發現，通靈引導人們的探索、披露的資訊和個人的擴展有何極限。

歐林和達本想去除人們對通靈的恐懼和神祕。我們的通靈學生從未對指導靈有不好的體驗。他們全都能順隨自己的心意，連結更高層次的指導靈。他們運用的是書中所述的過程，一種用來創造安全開放的設計。

我們鼓勵你把書中的資訊當作起點，幫助你建立信任感並對你的指引更加開放，只運用那些適合你的經驗，放下那些對你不適合的部分。記住，你閱讀的內容是我們的真理，因為我們如此體驗。如果你發現你需要更多資訊，向你的指導靈或大我要求，並信任你收到的訊息。通靈經驗十分龐大，這本書無法蒐羅所有的內容。有愈來愈多關於通靈的著作，在我們有更多人探索、發現和在這些更高世界遊玩時被寫出來。尊重你自己的體驗，真誠地表達你的真理。

當你開放通靈，你會讓人們更容易開放。保持探險的心情、愉快地、自由地透過你的開放通靈，帶進愈來愈高層次的智慧。我們歡迎你踏上眼前美妙的旅程。

◆如何利用這本書

這本書可以作為學習通靈的課程，它分成四個部分。第一部分（一～五章）：介紹通靈。給你通靈相關的背景知識——它感覺起來如何、指導靈是誰、指導靈如何和你溝通，以及你如何知道自己已經準備好通靈。第二部分（六～九章）：開放通靈。它是一堂學習通靈的課。如果你能成功地完成第六章的前兩個練習（達到放鬆狀態和保持專注的焦點），你可以繼續完成第六章的其他練習然後進入第七章，找個放鬆的午後，開始口語通靈。依你自己的速度進行，在你想完成課程的時候這麼做——用一個下午的時間或幾個星期都可以。

第三部分（十～十三章）：開放通靈的故事。包括我們如何開始通靈，以及我們教導的學生的一些通靈故事。這些故事說明人們開始通靈時可能碰到的共同問題，和你若遇到這些問題時可以處理的步驟。第四部分（十四～十七章）：開展你的通靈能力。給你歐林和達本對於培養通靈能力的指引，針對問題和你可能出現的懷疑和恐懼提出答案，以及關於通靈之後你可能會經歷的變化，包括加速的靈性成長和你在身體上可能發生的變化。附錄則是提供一些幫助你的資源，包括一些人們的音樂創作，以及歐林的書和冥想錄音。

——珊娜雅與杜安

介紹——

教導通靈的源起

珊娜雅：

一九八四年十一月二十三日，感恩節後一天，前一天空氣中便洋溢著一種期待，因為我們和慶祝感恩節的一些朋友在一起玩樂、通靈和冥想。我們透過通靈收到一些關於我們會發生什麼事的新訊息。我們的朋友愛德和琳達預測這一天他們的小寶貝會誕生，我們都對準並分享這個新生兒進入肉體生命的旅程。對我們每一個人而言，這個週末的主題似乎都是出生與重生。

杜安和我決定各自暫停我們在進行的課程和個案，花一些時間相處。我們的計畫是坐杜安的橡皮艇到附近的湖划船，那天的氣溫對於十一月的北加州而言相當溫暖。我們感覺充分休息與寧靜，決定在出發前一起通靈。因為過去幾個月來，我們一直在追問我們的指導靈——歐林和達本，什麼是我們的人生的更高目的？

起初，歐林很天真地告訴我們需要注意的幾件個人生活上的瑣事，然後他問我們，是否想知道如何能真正地服務人類，並同時結合我們的個人目標和靈性道路。我們當然想知道更多！歐林開始告訴我們人類將遭遇什麼，繼續說了一些關於銀河的變化，談宇宙，談正在影響地球的能量。他討論到即將發生的振動改變，和它們對人類命運的衝擊，並告訴我們，人們如何在這些改變中找到喜悅。歐林偶爾會停下來，然而就像協調好的，達本——杜安的指導靈就會接著說話，中間沒有絲毫間隔。

他們說話的要義是告訴我們，在五年內會有為數眾多的人開始通靈，十年內會有更多人想連結他們的指導靈。他們解釋人類的靈性自我正在覺醒，導致追求進化和靈性成長的渴望大幅提升。他們說，人類需要的指引不僅在於協助啟發靈性，也在於了解和運用那些到臨的新能量。一種「靈性光輝」開始在人類氣場上發光，有更多人可以接觸更高的意識並尋求開悟的經驗。

歐林和達本認為，通靈——連結高層次的指導靈或大我並說出訊息，是協助人們啟發靈性的關鍵之一，幫助他們得到重要的新體驗。因此提議在他們的協助下，我們開始教導人們通靈。他們說，新時代的主題在於自我激勵和直接體驗。人們將學習信任他們的內在指引，而許多人會自然地開放通靈。人們會發現他們的老師來自內在——以自我創造和自我教導的方式學習，而非外在。歐林和達本希望確定開放通靈的人能連結高層次的指導靈，他們想幫助人們學習認出更高的指引，並將通靈用在靈性的目的上。

他們建議我們開通靈課，要我們在接下來的三個月作準備，他們會提供資訊和預備通靈的冥想以及課程的內容。如果我們決定教導通靈，他們要求我們承諾至少用兩年的時間把事情建立起來，因為逐步建構需要這麼多時間。兩年之後，我們才能再評估是否要繼續待在這條路上。

那個時候我在教「地球生活」的課，由歐林指導我和那些參加課程的人們提升意識。回想起來，我了解這些課程是在預備人們活在更高的能量空間、打開心、釋放負面能量並發現他們的更高目的。這些都是為通靈作準備的能力。並不是所有的人都想繼續成為通靈人，但是許多遵循更高紀律的人會開始感覺到他們的指導靈和大我，而渴望有更強烈與更有意識的連結。這些課堂中的教導後來變成《喜悅之道》和《個人覺醒的力量》（均由生命潛能出版）這兩本歐林書的內容。

在這一天之前，杜安和我從未想過一起合作並結合我們的能力。然而我們愈思考合作，它似乎就愈自然。教導人們通靈像是一個有趣的挑戰。我們可以嗎？我們的指導靈可以嗎？我知道歐林和達本能幫助個人連結他們的指導靈和大我，因為他們兩者都做過這樣的事，然而我和杜安從來沒有教導過一群人通靈的經驗。直到那個時候，幫助人開放通靈要花幾個月的工作，但是此刻歐林和達本卻提議：讓人們在一個週末的課程中開啟通靈的管道。

我們質疑他們會不會過度樂觀。我們知道許多人認為通靈很難，只有少數的特殊人士做得到。有人說，通靈需要多年的訓練或者只發生在天生有靈通能力的人身上。另外的看法是，高層次的指導靈只會前來幫助特定人士，而最好別要求高層次的療癒大師為老師。歐林和達本向我們保證，因為這是地球非常重要的轉化期，會有很多高層次的指導靈到臨，而且他們非常想協助我們。他們也說，過去通靈需要經年的特別訓練或只發生在有天賦的人身上，因為過去這裡並沒有那麼多的指導靈存在。而現在，因為種種理由——人類氣場的改變和地球本身振動的改變——許多人一起連結指導靈和通靈才變得可能。

歐林和達本告訴我們，通靈是一門可以學習的技巧，只要你渴望並有意圖這麼做。不需要多年的冥想經驗、擁有靈通能力或在過去當過靈媒。他們想教導人們對指導靈通靈時保持意識，如此人們會聽見自己帶來的訊息，並有能力選擇連結哪位指導靈。這樣人們能聽到指導靈的更高智慧，自己也能得到靈性成長。他們覺得只要使用書中的過程，人們可以很安全地要求或連結高層次的指導靈或他們的大我。

杜安告訴達本他要一種可驗證的成果，不然他就不做。他想確定就像指導靈所說的：每一個真心想要通靈的人都可以學得會。在接下來的一個月，我們反覆考慮。真的做得到嗎？我們能同時教導許多人在一個週末的課程中就開放通靈，進入更高的世界和連結高層次的指導靈嗎？

在進一步指示前，歐林和達本給我們足夠的時間，化解自身的疑慮和問題。他們喜歡我們自行解決問題，只有在我們腸枯思竭、彈盡援絕的時候才回去找他們。在我們的經驗中，指導靈從不限制個人的起心動念，反而鼓勵和激發它。最後我們決定教授這門通靈課，再看事情如何發展。歐林和達本說，人們不需要花太久的時間便可以和指導靈建立連結，那比人們以為的更容易。他們希望我們幫助人們穿越那道門。在我們解決自己的問題之後，課程的流程及架構，在歐林和達本的指引下很輕易地完成了。我們最後同意，只要人們有興趣，我們就儘量開課。那天我們並沒有去湖上划船，但是朋友的小孩確實在感恩節後的那一天出生。這對我們而言，都是一個全新的開始。

第一堂課非常成功。每個人都學會了通靈。接下來的兩年，我們教導了幾百個人開放通靈。現在，我們可以非常自豪地說：通靈是可以學習的技能。這些人來自各行各業，代表許多不同的專業，年齡從十八歲到七十歲。就像我們的指導靈宣稱的，人們無須多年的靜坐體驗、事前準備或靈通經驗，甚至沒有通靈概念，就能學會如何通靈。這些人的共通之處是——對連結指導靈或大我強烈的渴望。

人們確實能通靈，而且這遠比他們想像的容易許多。我們和許多人保持聯繫並觀察他們的成長和改變。他們提出許多問題，對我們貢獻很多關於他們通靈時碰到的疑惑、挑戰、抗拒和靈性覺醒，以及他們的希望與夢想。透過他們和我們自己的體驗，以及歐林和達本持續的教導，我們對於如何成為清晰和有意識的訊息管道有了許多了解。

之後歐林和達本告訴我們，他們想寫一本書來教導人們通靈。他們要我們分享學到的一切和他們教導的過程，如此想要通靈的人會找到現成的資訊。我們在書中和你分享課堂中所有的過程，這是歐林和達本為了讓你在沒有課程的輔助下，連結指導靈或大我所特別預備的書。只要你呼請，就可以收到他們的能量。雖然我們剛開始非常懷疑人們可以透過一本書學會通靈，然而歐林和達本向我們保證——這是可行的。他們說，人們的指導靈和大我會幫助這個連結，很多來自高次元的協助讓人們的通靈成為可能。

歐林和達本早些時候曾讓我們整合一本課程用的講義，很多內容都包含在這裡。我們發現人們流通那本課程用書，並聽說有人僅僅閱讀書的內容就有了自發性的開啟。有位女士在飛回家的旅程上讀了那本講義，因為對書中提到的事很懷疑，於是把書放在膝蓋上，說：「如果你是真的，我的指導靈，那麼給我你的名字。」結果她感受到一股能量，並聽見不知哪來的聲音給了她一個名字。從此她改變對通靈的想法，並開始追求一條連結指導靈的靈性道路。還有很多人用書中的過程連結上自己的指導靈和大我。

這本書的焦點在於如何和指導靈通靈，同樣的過程也可以用於你和大我的連結。如果你想通靈的是你自己的大我，在你開始這個過程時要求。你也可以閱讀歐林的《靈性成長》這本書，它是特別為了協助你對大我的連結和通靈並成為你的大我而寫的。

你能學會與高層次的指導靈或你的大我通靈，你就可以接收指引、啟發並建立與這個智慧泉源的連線。如果這是你想要的，現在就開始要求。這本書的設計是透過故事、通靈資訊和過程來教導你通靈。當你繼續閱讀，注意那些跳出來或似乎有特殊訊息的地方，讓這些成為你的指導靈或大我幫助你建立通靈連結的第一個訊息。

第1部

介紹通靈

第一章

歡迎你來到通靈的領域

什麼是「通靈」？

歐林和達本：

歡迎你進入通靈的領域！開啟你對高次元的訊息管道將為你創造進化的躍升，因為通靈是對於靈性開展和意識轉化很有力的途徑。通靈時你建立與高次元連結的橋樑，它是充滿愛與關懷的、有目的的更高集體意識，又被稱為「神」、「一切萬有」或「宇宙心智」。

在通靈的狀態中，你可以接觸所有已知和未知的想法、知識和智慧

通靈時你連結高層次的指導靈或你的大我，為你承接更高的振動，讓你更容易接近高次元。通靈意指有意識地提升你的頭腦和心智空間，到達一種所謂「出神」的意識擴展狀態。要進入這種通靈的出神空間，首先你必須學習專注，避開你的思維以接收更高次元的指引。在這種接收狀態之中，你成為一種容器，能夠導入那些為你創造美好事物的更高能量。

你天生便有接觸高次元的能力，在那些靈感湧現、充滿內在指引和創意的片刻，你便是直接連上了高次元。你也許還不能隨心所欲地接近這些境界，指導靈會幫助你發展連結高次元的天賦。他們會用能量提振你，帶給你新的成長方向，作為你的老師和翻譯官，指引你如何精練能力，悠遊於高次元的空間。他們幫助你結合你的更高目的，舒服地向上旅行。

指導靈是一個永遠在你身邊愛你、鼓勵你和支持你的朋友

你的指導靈會鼓勵和幫助你發現你的內在知曉。當你與指導靈保持連結，你和高次元就是建立了更強固、更開放而精細與穩定的連線。你會更能經常擁有可靠的直覺洞見，在更高振動直接進入你的頭腦時，體驗內在指引或知曉。

通靈是一道門，通往更多的愛，而高次元充滿了愛；通靈是一種能激發、鼓勵和支持你的連結。指導靈的目的是讓你更有力量、更獨立和有自信。完美關係中具備的品質——永恆的愛、全然的體諒和無限的慈悲，你會在指導靈的身上發現這些。

通靈會帶給你尋求已久的睿智導師，他會從內在而非外在世界與你相會

通靈帶給你更偉大的理解，幫助你發現答案，找到諸如「我為什麼在這裡？」「人生的意義是什麼？」等的問題解答。通靈就像登上視野遼闊的山頂，它是一種方法，讓你發現更多實相的本質，讓你對自己和別人更了解，並從囊括全貌的觀點來看人生，幫助你了解你所處情境的更大意義。你的指導靈會幫助你發現答案，從生活上的日常瑣事到最富挑戰的靈性問題。你可以運用通靈來療癒、教導並在生活中的所有領域發揮創意。當你接近更高的世界，你能帶回更多偉大的知識、智慧、發明、藝術作品、哲學、詩歌和各種發現。

我們——歐林和達本，是光界存有。我們存在於更高的次元，而我們的目的是協助你開啟對高次元的訊息管道，如此你能進化得更快。我們對你有無盡的愛，希望你

能輕鬆而喜悅地成長和向上提升。我們為了讓你連結你的指導靈或大我，一起組成了這個課程。

我們希望幫助你了解通靈是什麼，和如何開展這個天生的能力。它比你想像的容易，也因為它是如此自然，有些人一開始很難相信他們已經與他們的指導靈或本我連結上了。

無論你是剛接觸通靈或已經自我探索多年，這本書中的資訊都能幫助你。它將幫助你學會分辨——高層次的指導靈和不夠進化的靈體，並決定你接收的建議是否值得採信。它將告訴你：如何連結最高指導靈。如果你想要，我們將盡我們所能地提供你成為訊息管道的機會。

高層次的指導靈會鼓勵你依從內在指引，勝於他們的建議

我們鼓勵你閱讀這本書時，只運用那些與你的內在深處共鳴的資訊，而忽略其他的部分。相信你的內在指引和訊息。你是一個特別、獨特的生命存有，你有無限的潛力。我們邀請你更完全地去發現你的神性。

通靈能為你做和做不到的事

歐林和達本：

通靈將幫助你為世界帶來改變。這並不意謂如果你執意選擇掙扎痛苦，你也能免於受苦；它指的是如果你選擇，你能學會毫不費力地完成事情的方法。這並不表示你能輕鬆度日、一事不做，每件事就會自動發生；它指的是，你會對你想要創造的事情更有感覺，並找到更容易的方式實現它。如果你遵循指導靈的建議並持續通靈，你的情緒會改變，你將不會那麼經常地感覺沮喪、煩躁或沉重。

高層次的指導靈不會占有或控制你

通靈並不會解決你所有的問題，它只會讓你以你想改變的方式改變。你才是運用那些智慧話語的人，那個採取行動、把工作推展到世界的人。你仍然需要為你自己的生活負責。通靈不是萬靈丹，也不會為你了結一切。通靈，如我所言，只是加速你的成長機會和課題。你也許會發現自己不斷經驗許多老問題，而終於將它們清理完畢。

雖然這些經驗一開始也許讓你難受，它們最後都會帶給你更大的喜悅和力量。對小的改變保持開放，你會發現回報超乎想像。你也許會發現，即使你是為遵從指導靈的指引所投入的些微努力，都會帶來巨大的改變和報償。這些回饋未必依你期望的方式發生，因此請對快樂的驚喜保持開放。

通靈幫助你學習更愛自己

通靈並不能擔保人們愛你，也不會保證你出名或受歡迎。然而，通靈確實會讓你以更慈悲的方式體諒別人。你能夠更客觀地看待自己，放掉你對自己持有的偏見，教會你更愛自己。通靈幫助你強化和釐清你的靈魂道途。當你遵循你的更高道路，你確實有可能體驗名聲和人們的敬重與歡迎，然而它們會變得不像以前那麼重要。

你可以運用通靈來做什麼？

歐林和達本：

通靈除了可以得到更高的智慧和個人指引外，有些人用通靈來創作，例如劇本寫作、音樂或歌詞創作，以及繪畫、雕刻、陶藝和其他的手創工作。有些人的指導靈協助他們的諮商、教學、療癒或身體工作。有些人利用通靈狀態和指導靈的更高振動，擴大他們在戲劇表演、指揮和各種活動企畫上的創意。每一位指導靈以及指導靈與你的關係各不相同，各有特殊與獨特之處。有些指導靈饒富詩意，有些指導靈很能鼓舞人心，有些指導靈擅長啟迪。你們有些人也許會發現自己能夠通靈寫一本書，或者寫作變得如此容易，好像書「自己寫好了」一樣，因為通靈和寫作是非常理想的搭配。通靈幫助你連接上一個源源不斷的穩定的靈感與資訊的泉源。

通靈會大幅增加創造力

藝術家告訴我們，在維持輕微出神的狀態下，他們能睜著眼睛帶進指導靈的訊息。繪畫或雕刻的成品甚至在他們開始動手之前就已經浮現眼前。有些藝術家感覺他們的手會自動地描繪出腦海中的畫面；許多人感覺意識狀態的輕微變化，讓他們更加放鬆，而對於意象擁有超乎平常經驗更敏銳而豐富的覺察。

許多的音樂家發現學會通靈後的音樂創作更容易，他們對自己的個人風格有更強烈的感受。有人發現他們創作音樂的狀態就是自然的通靈狀態，而連結指導靈強化並精練了這種狀態，提供他們更持續和穩定的創意之流；有些人發現這種出神狀態讓他們更能跟隨自己的音樂流動，直覺地創作而非用頭腦去創作。有一位知名的音樂家在通靈中分別在不同時間創作了十六個音軌的內容，而它們在第一次合成時就組成了一曲完美的樂章。

人們用他們對準更高智慧的能力，去發現適合他們的運動、飲食習慣、食物和修練方式。我們鼓勵你發現自己的方式去運用這個與高次元的連結。

如何知道你已準備好？

歐林和達本：

能夠成為好的訊息管道的人往往喜歡思考，個性獨立，喜歡控制自己的生活。那些在通靈上成就卓越的人，通常具有旺盛的好奇心和一顆開放的心。他們有覺察力、敏感、很清楚自己的感覺；他們愛好學習，並對各種新的技巧和知識保持開放。各種在創意領域工作的人都是天生的通靈者——作家、療癒工作者、各式處方的治療師、詩人、音樂家、藝術家、規畫師和設計師等等。通靈人士來自各種領域，從事各種專業。指導靈最重視的特質是對於通靈的投入、熱忱和意願。你們之中有足夠的聰明才智或直覺力的人，喜歡獨立思考、重視真理、以及能分辨更高智慧的人，都能在通靈上出類拔萃。

通靈人士通常待人親切，真誠而努力；投入工作時非常熱心。他們的想像力豐富，喜歡做白日夢或幻想。他們似乎能預期別人的需要，並關心他們的家人和朋友。在關係上，他們有時候無法區分事實和想像，因為他們常常看到的是人們的潛力而非他們的現況。

指導靈幫助你達到新層次的個人力量與靈性成長

能完成事情的人是很珍貴的。我們並不要求你的生活完美，因為我們的承諾之一就是幫助你建立生活的秩序，我們認為：對你而言，生活順利是重要的。我們特別喜歡連結那些喜愛和我們在一起工作，而能用遊戲的心情去做的人，我們尋找的是，那些對於這個連結的機會心存感謝的人。

最高的指導靈會連結那些——盡全力運用和珍惜他們帶進來的訊息的人。我們對於有志追求靈性、堅持不懈和充滿熱忱的人很感興趣。作為高層次的指導靈，我們在這裡的目的是帶來改變，服務人類，和你一起經驗創作的過程。我們認真地執行對你的承諾，竭盡所能地協助你。我們希望你也認真地秉持你的承諾和看待我們共同的工作。我們非常珍惜那些為我們的共同工作貢獻時間和能量的人，這是你給我們最美好的禮物。

強烈渴望幫助他人並關心人們的福祉的人，也會吸引高層次的指導靈。通靈總是會對周圍的人有益處，它提高了你周圍的振動。你們之中以任何方式幫助別人的人——不管是透過你的事業、個人生活、家庭生活或是創作的努力，都會吸引高層次的指導靈。無論你療癒和幫助人們到什麼程度，你自己都會跟著成長。

別擔心或懷疑你吸引高層次指導靈的能力，我們有許多人！我們在這裡的目的是服務你們。只要你表示意願，我們將盡力幫助你突破與我們之間連結的藩籬。我們關

心的是帶給人類更高的意識，也樂意將更高的意識帶給你。

學會通靈的人說，他們感覺更落實和穩定並能掌握自己的生活

有些人擔心如果他們學習通靈，會變得太「出神」、「空靈」而不切實際。他們告訴我們，他們對處理生活上的瑣事已經很不擅長了，他們需要的是更加落實。我們觀察到的是——通靈能幫助人們感覺更務實、更停留於核心，並且更能有效率地處理他們的日常生活。

有些人害怕通靈或連結指導靈，他們會失去個人的身分，或被指導靈的臨在給淹沒。高層次的指導靈從來不會想占據你的生活，通靈並非臣服於控制。指導靈有他們自己的生活，他們只是想在你的靈性道途上服務你。你將保有自己的身分，你很有可能發現你的自我感大大地提升。你比以前更能設定界線和定義你的範圍。你不僅不會被指導靈占據，你還會明白，和指導靈在一起你會更有力量、更平衡，思考更清晰。有一個很擔心失去個人範圍和被指導靈控制的人，在學習通靈之後，說他感覺比以前更能控制自己的生活和保持自我的完整。

有些人擔心如果他們開放自己，會被負面或較低的靈體傷害。事實上你不會被傷害，因為你可以從他們的負面感受，輕易地辨識出較低的靈體，你需要做的只是堅定地要求他們離開就可以了。你也可以呼請我們——歐林和達本，或任何高層次的老師，例如基督或是你的守護天使，這些存有比任何較低的靈體更有力量。只要你呼請高層次的指導靈，不管你是否做有意識的通靈，這位指導靈都會開始保護你。我們只要求並提醒你，不要出於無知的好奇而與較低的靈體連結。

你能連結高層次的指導靈，只要你渴望並有意這麼做

如果你對形而上的哲學有興趣，閱讀過關於通靈、自我開發、科幻小說或心理學方面的書籍，並喜歡書中的想法，你就有能力連結並與高層次的指導靈通靈。如果你總是被超越一般大眾想法的事物所吸引，喜歡領先時代並站在世界變化的前端，那麼你已經準備好通靈。當你開始通靈之後，維持出神狀態和保持專注的能力、良好的體能與穩定的情緒都有助於清晰的通靈品質，並幫助你觸及更高層次的智慧。

雖然通靈會對你的生活有立即的貢獻，然而要成為好的通靈者需要練習。卓越的

通靈人會騰出時間做例行的通靈，就像大多數的人不會在一期課程中就變成鋼琴演奏家一樣，那些與指導靈建立清晰連結的人，通常都是經過規律的練習。

最後，只有你自己明白你是否準備好通靈了。你可以進入內在，自問：「我真的渴望通靈或與我的指導靈連結嗎？有內在衝動或聲音吸引我朝這個方向前進嗎？」聆聽你的內在訊息。

你可能比你以為的更有準備

歐林和達本：

覺察你的指導靈通常有幾個階段。剛開始，你也許無法有意識地覺察你的指導靈，指引可能只在夢境裡出現。你也許會夢見去上學或有人在夜裡對你說話、給你課程或指示。你可能會開始詢問你是否有指導靈或常思考指導靈的事；你可能經常被通靈書籍或談論通靈的書籍所吸引。

指導靈常透過夢境與你連結

在初期的通靈準備中，你可能會對你的生活、關係或工作感到不滿意，而發現你真心想要更有意義和更有成就感的關係或工作。你可能很渴望知道，你的靈性道路和你的人生志業是什麼。你可能愈來愈渴望成為老師或治療師，愈來愈想和人們以療癒或治療的方式互動。你可能發現你想要寫作、從事媒體工作、玩音樂或認識新朋友。你可能對過去讓你感覺興奮的老朋友覺得厭煩，對以往喜歡的社交和活動興趣缺缺。你也許發現你希望你的活動有更高的目的，而覺得漫無目的的虛度光陰不如過去那麼有趣。你或許感覺有什麼重要的事情正要發生，而你正處於轉化的階段。你也許正在尋找什麼新事物，但不確定它到底是什麼。

你可能已經達成了一些目標，卻沒有以為的滿足，而正在思考創造什麼才能讓你真正地快樂。你也許已經明白你的道途，但需要用更具體或有意義的方式去經驗它。你可能感覺準備好進入更高的意識，希望對高次元有更開放的連結。

通靈將幫助你發現你的更高目的

有些人會經驗一些奇特的事，一些他們無法用理性解釋的事，來幫助他們開放。例如：預見後來真正發生的事，造訪一個新地方卻感到莫名的熟悉，出體經驗或做預知夢。有人說他們感覺像是被捲進了什麼——同時性事件開始發生，門戶暢通，該看的書籍開始自然地出現在他們的生活。他們開始認識新的人，對實相的整體觀也開始轉變。有些人開始研究瑜伽和靜坐，探討東方的宗教或參加新時代研討會，例如EST或希瓦心靈術，並且發現當他們問道：「接下來是什麼？」的時候，他們會吸引到更多學習療癒或通靈能力的機會。有些人從來沒有指導靈的概念，某天突然讀到有關指導靈和通靈的書，就感到莫名的興趣，想知道更多，並感覺通靈會為他們帶來追求多時的改變。

要求就能擁有指導靈

當你進化，你對高次元的敏感度會提升，觀念和想法似乎從超越你的地方出現，你發現你明白那些以前不知道的事，你可能感覺到，你與更高或與你的普通知覺不同的能量連結。這些事情是表示你開始有意識地體驗更高的次元。此時如果你要求指導靈的協助，就會有一位指導靈開始和你一起工作。在這個階段，你和指導靈的連結大部分會發生在夢境中，在不由自主或意想不到的時刻發生。

有可能到了某個點，你會有清晰的夢境，你知道指導靈在接觸你。你也許發現透過塔羅牌、靈應盤、自動書寫或冥想，會與你的大我或指導靈連結。在冥想時，你可能會開始接收到指引，而它似乎來自超越你曾體驗的更大智慧。有許多方法可以開始這個連結，並沒有特定的方式來讓你預備通靈。通靈的準備是一種個別的體驗，人人不同。

通常那些尚未準備好通靈的人自己會知道，他們很清楚通靈不是他們的事，他們可能在靈魂層次還沒有準備好，他們的世界觀或許無法認同通靈的可能性，他們的疑慮阻擋他們的經驗，直到他們準備好。通靈也許在他們的這個生命階段並不適合，因此別試圖說服任何懷疑通靈的人來嘗試它。

當你和你的指導靈與大我的連結變得更穩固時，你會更常想要與你的指導靈通靈或與你的大我連結。你也許會接受別人的指導靈的解讀，出席一場現場的通靈會，閱讀別人的通靈訊息，或是聆聽或觀賞通靈的錄音或影片。雖然你對通靈也許仍有疑問，你會發現自己珍惜這些體驗，並熱切地想知道更多。如果你準備好了，想到與指導靈通靈會讓你很期待、很興奮。你的焦慮感和對自己是否有能力的懷疑，只表示——通靈對你而言是一件愈來愈重要的事，不代表你連結指導靈和大我的能力。

第二章 在出神中通靈

什麼是出神狀態？我如何達到它？

歐林和達本：

出神是一種能讓你連結指導靈的意識狀態。通靈狀態的體驗有很多種，通常描述它只會把它變得更複雜，你大概也不容易說清楚當你在開車、演奏樂器或做運動時的心智狀態。然而一旦你經驗過通靈，要回想和回到那個狀態便很容易。大多數的人發現達到通靈狀態和他們想像的不同，更簡單也更精細。

靈感充分流動的狀態和通靈狀態很接近

你們大多數人都有類似通靈的短暫經驗，例如：你和一個需要幫忙的朋友談話，你感覺智慧之流穿透你，然後你說出一些本來沒有想到的話。那些當你對朋友表達深刻的愛、被落日時滿天虹霞的絢爛所震懾、讚嘆一朵花的美麗、或沉浸於深沉的祈禱而感到靜穆的片刻，都包含了這種意識狀態的成分。當一個非常清楚的聲音在你的內在對你說話，而這些話語似乎高於你的一般想法，或是當你教導別人時，有一種突然被啟發的感覺，或你有一種衝動而脫口說出超乎預期的智慧內涵，或你用特別的療癒方式去碰觸別人……這些時候，你都可能經驗了某種出神的狀態。

出神狀態感覺像是你突然變聰明了

出神狀態讓你對實相的覺察產生精微的變化，問題的解答可能輕易出現，而且似乎特別簡單或明顯。剛開始你可能會感覺你在想像或創造那些字語或想法，你像是非常的聚精會神，不想把這些出現的意念趕跑；積極地運用它，會幫助你到達更高的狀態。

通靈通常會造成呼吸的變化，剛開始你的上半身也許會變得特別敏感，你可能感覺手心發熱或體溫變高。出神狀態是很個別的經驗，有些人可能會感覺身體知覺的消失。當你通靈一陣子之後，你會習慣這些伴隨的感受，不尋常的感覺會很少發生。有些人反而會抱怨他們想念那些感受。偶爾，當你達到新的層次，也許你的脖子或前額會有電流流動的麻癢感；有些人的脊柱會有特別的感受，或前額有一塊區域感覺繃緊或有能量。當你通靈時，你說話的速度和語調會有變化，或許比平常緩慢和深沉。

珊娜雅和杜安：

意識的各種狀態與你保持放鬆和警覺的程度有關。每一天，你會處於幾種不同的意識狀態。走路和睡覺是兩種你所熟悉的意識狀態；不同類型的活動涉及各種不同特定的意識狀態。當你在看電影、處理高難度工作、在高速公路上開車或做快速運動時的知覺狀態都不同。它們隨著你投入活動時保持的警覺、與環境互動的程度、放鬆或專注的層次、身體的知覺、情緒和思考方式的變化而有所不同。

在一般的清醒狀態，人們會十分注意環境並不時出現許多腦內對話。這種放鬆程度很低的狀態通常是人們思考、作計畫或擔心的時候。當你很放鬆地聆聽音樂、看電視、泡澡或沉浸在大自然時，你會發現你對環境的知覺，處於半夢半醒之際或甚至對環境毫無知覺的夢境之中。當你進入更深的放鬆狀態，你會對周遭事物愈來愈沒有知覺，直到你睡著為止。

通靈涉及進入一種輕度放鬆的狀態，你能把注意力轉向內在，向上接收高次元的訊息。通常在輕度放鬆時，你會對聲音很敏感，有時候聲音像是被放大一般。在深度放鬆或高度凝神的狀態，你也許會感覺完全沉浸於你在做的事情，而對環境毫無知覺。你也許全神貫注其中，假如有人突然走進來，你可能會嚇得跳起來。因為在輕度和深度的放鬆狀態，你都有可能回想起你接收的訊息和聽見聲音，因此最好不要用你的清醒和知覺程度來判斷你是否處在出神。

剛開始的時候，在你進入出神狀態時，確實有可能你對環境更有知覺，特別是當你接收到指導靈的訊息時，因為你在做有意識的連結並啟動你的聲音。然而，很快地，環境會變得愈來愈不重要，你會學會不讓外在的雜訊讓你分心。你可以對自己說：「我聽見的任何噪音都會加深我的出神。」

冥想狀態的經驗對通靈有幫助，但並非必要。冥想狀態和通靈空間，都要靠向內聚焦的放鬆狀態來達到，然而兩者運用心智、意圖和精神體的方式不同。在深度冥想時不需要記憶和說話，因此它主要的體驗是畫面、能量和感覺。

大多數做冥想的人都已經開始接近通靈的空間，然而除非他們要求指導靈出現，否則會直接經過通靈空間而進入更深的冥想狀態，然後從那些狀態直接回來，在這個期間獲得有意識的洞見。因為通靈比起深度冥想是輕微得多的出神狀態，對有冥想經驗的人而言，通常它比想像的容易得多。在通靈中，你要學習引導你的意念到某個地方，像是一個入口，你可以在那裡連結你的指導靈。進入深度冥想可能要花十到十五分鐘的時間，然而進入通靈狀態不需要那麼長的時間，也許不到五分鐘就達到了。

當你進入通靈空間，你的指導靈會加入你，協助引導你的能量。通靈並不像冥想狀態一般要求安靜寂定的頭腦，然而它需要你保持專注的能力。進入通靈狀態並不是你想要就可以，當你要求連結與指引，你要接受指導靈的很多幫助才能達到這個狀態。

指導靈進入時你會去哪裡：選擇保持意識清醒

歐林和達本：

有些人通靈時完全地退出他們的意識。他們說通靈就像睡著一般，完全不記得自己說了什麼。這些通靈時失去知覺的人被稱為「無意識的訊息管道」。這些無意識的通靈人通常進入了如此深沉的放鬆，以致完全無法回憶指導靈的訊息。他們通常在靈魂層次收到傳送的能量，如果不是確實的字句，便無法想起指導靈的話語。你對通靈的印象，會依你出神狀態的性質不同而不同。

有些通靈管道會保持部分清醒，因為他們能記得一部分傳送的內容，他們被稱為「有意識的訊息管道」。這些人對於進來的資訊有著程度不一的知覺。有些人對於指導靈的訊息只有模糊的知覺，記不得到底說了什麼。有些人覺得通靈就像對夢的印象，它褪得很快，他們可能只有在剛離開出神狀態時記得那些資訊，一小時後便完全想不起來。有些通靈人的出神輕微，能記得說話內容，並且在通靈時保持非常的清醒。大多數人的經驗落在深度的、無意識的出神和完全清醒之間。

我們建議你保持有意識的通靈。如果你發現自己睡著或進入潛意識中，用意志力保持清醒。充分休息後再通靈會有幫助。出神時失去意識並沒有什麼不對，只是如果你能保持清醒，你就能把指導靈的更高智慧和光明直接帶進你自己的知覺，並有意識地運用那些資訊來學習和成長。我們鼓勵你在出神狀態時，對你說的話保持某種程度的覺察。

有意識的訊息管道能對於指導靈說的話保持部分覺察

那些記得通靈內容的人，通常會感受到超越文字的豐富性，彷佛進入擴展的意識狀態，每個字眼都有比他們認知的更有意涵。有時候話語伴隨悠遊的感覺，有時候伴隨進入更高振動的內在轉變。有人說，通靈像是進入鮮活的夢境，充滿了動作、情感和顏色。離開出神狀態時，這種豐富感會消退。有人說，他們感受到其他次元，感覺身體比平常更擴大。有人說，他們感覺語言變成了畫面，而能傳達更豐富和完整的內在語言。有些人感覺像是整袋資訊球活生生地丟進了腦袋，完整的想法封裝其中，要等待他們在傳達訊息時再慢慢地解開。

那些很擅長清醒地進入深度出神的人說，他們並沒有陷入昏迷或失去知覺，相反地，他們像是直接經驗指導靈的思想波，瞬間就發生許多事情，彷佛清醒地作夢一般。這些用光的宇宙語言組成的思想波，攜帶著體驗、畫面和意象，遠超過人類語言的傳達極限。那些完全保持清醒意識的人，能以不同的程度覺察超乎言語形容的能量的豐富性，同時經驗指導靈和他們自己的世界。

在有意識的通靈中，你也許發現自己呈現輕微的抽離狀態，你能不干預地覺察正在發生的事，許多人說，那彷彿是他們能同時以兩個角度來觀察自己的生活——指導靈和自己的。

有意識的通靈涉及提高你的振動去感覺、觀看或聆聽指導靈的世界

通靈的體驗有許多版本，為什麼人們會記得或忘記他們的通靈有許多理由。有些人不想失去意識或被占據，並想明白每一件經由他們帶出來的事；有些人是有深度出神的天賦，他們會想學習在通靈時保持清醒，避免進入無意識的狀態。

在指導靈說話時保持意識，並避開人格、思想和情感的干擾，本身即是一種豐富的體驗。有些人認為，他們只有在無意識的狀態下才是真正的通靈，然而大部分的訊息管道都對他們說的話有一定的知覺。完全沒有知覺是比較少有的。許多知名的大靈媒，描述到指導靈說話或透過他們寫作時不同的意識狀態。

如果你想體驗出神的狀態，可以直接進入第六章做「達到放鬆狀態並保持聚焦與專注」的練習。

我們對歐林與達本的經驗

珊娜雅：

我感覺歐林是非常摯愛、睿智而溫柔的存有，他出現時，有特有的氛圍。他的智慧、觀點和知識的淵博遠超過我所知道的一切，他的言語背後的豐富意象超越他的詞句。我雖然是有意識的通靈，但是我無法影響那些透過我傳達的訊息，我可以停下它們，卻無法加入我自己的意思或改變訊息的內容。在歐林開始對我口述一本書的前一週，我可以感覺他在組織書中的想法，覺察到它們正一點一滴地流進我的意識。一旦歐林決定教授某個課程主題，我會不定時地接收到課程的資訊，通常在我跑步、冥想或思考那個主題或課程的時候。

當我通靈，我會收到許多畫面、感覺和意象，我會聽見自己對於歐林訊息的想法和評論。當歐林離開，我對他說話的記憶就像夢境般褪去。我會在某種程度上記得他的大概意思，特別是他的話衝擊我的人格的時候，然而，除非我在事後閱讀它，否則我不會記得訊息的細節。我似乎比較能覺察的是想法或概念，整體的大方向，而非單獨的句子。除非在事後討論，我甚少記得歐林說了什麼。然而，當我再次通靈，歐林總是會精確地記得他和人們說過什麼——即使在數年之後。

我的出神經驗因著我帶進的訊息內容而變化。當我為寫書或傳達宇宙的奧義通靈時，我會進入很深的出神狀態；當我為人們通靈時，我的出神狀態比較輕微，因為歐林傳遞這類訊息需要的能量比前者小。

杜安：

接收達本的傳送變化就大得多，它和被問到的問題及發問的人是誰有關。對於我精確地傳遞答案而言，最有挑戰的問題是達本提出科學解釋的問題。有關生命能量和實相本質的問題，會讓達本傳送給我很多能量波形，我必須為它們解碼，這些圖案挑戰我選擇什麼語彙和觀念去解譯它。當達本引導冥想的時候，我經驗到他會直接傳送能量給聆聽的人。當通靈結束，人們常表示他們感覺像是經驗了一段高次元的旅程，或感覺比之前更好、更擴展。當他對人們的生活給出資訊，或談到關於個人話題時，我很少記得他說了什麼，儘管我能覺察能量的流動。

我經驗的達本是非常明亮燦爛的能量，很有愛心，非常精確，很關心人們；他的知識鉅細靡遺。有些資訊如此複雜，他會協助我發展新的語彙去傳達，而不願意我約略地簡化它們，即使人們無法立即了解。有時候我也只有在事後，把他的幾則科學方面的通靈資訊彙整起來，明白其中的關聯後才能理解他說的內容。我經常必須查閱物理書籍，才能了解他在解釋什麼。

通常在碰觸和調整人們的能量系統時，我處於輕微的出神狀態，因為我必須走動並保持對環境的覺察。而當我在傳達資訊，以及達本在引導人們進入不同的意識擴展狀態時，我會進入較深的出神。

雖然達本會搜尋人們的生活，找到特定資訊以回答問題，但顯然達本比較喜歡直接對準人們的能量工作。透過我的觸碰或傳送能量，他幫助人們達到更高的能量狀態，在那裡人們能自行回答問題。

當通靈結束時，我會短暫地記得剛才進行的概念，雖然我的心智似乎以新的方式工作。然而具體的細節消失得很快。當我閱讀文字紀錄時，我會對於它的資訊量比我記得的多得多感到驚訝，彷彿我只記得壓縮到文字的數百個概念中的幾則。

第三章
誰是指導靈？

高層次的指導靈

歐林和達本：

指導靈可能來自很多地方，他們的數量無可計數。也許以下這樣分類還滿可行的：曾經在地球轉世至少一次的指導靈；從未在地球生活，來自銀河和星系之外的次元，例如第四次元的指導靈、大師——例如聖哲曼、天使——例如米迦勒、拉斐爾和守護天使等等；以及來自其他銀河系和行星的外星實體。還有那些無法如此區分的指導靈。

我——歐林，在非常久遠之前曾在地球轉世一次，因此比較能理解物質實相。我已經進化成純粹的光和精神體很久了，我沒有物質身體。達本也是光之靈，他從未在地球上生活過。

你的指導靈選擇與你一起工作，因為你們有類似的目標

並非所有高次元的存在體都選擇成為指導靈，就像並非所有的人都想成為訊息管道一樣。在其他空間的工作就像地球上的工作一樣，形形色色。指導靈指的是，那些特別擅長從他們所在的空間傳送能量給你們的存有。從我們的空間穿越至你們的世界，需要消耗相當龐大的能量，我們這麼做是因為出於對人類純然的愛和奉獻，而傳送更高的理想給你們。當你們到達更高次元，無私的服務是通往快速進化的道路。我們選擇你是因為我們的目標一致，而且我們愛你。

當我們對你說話時，我們的同伴會幫忙放大能量，因為我們的質地如此精細，要能穿透你，需要相當的聚焦和強度。我們的振動非常廣博巨大，要把它窄化到你們的心智所能接收的範圍，需要很多的練習、技巧和很高的意圖。我們調整我們的覺察過程，以適應你們的概念和理解。為了與你連結，我們需要有能力在非常精緻細微的層次上對準能量工作，並調整我們的電磁場，而這種能力有很多不同的精練層次。

如果你探索形上學，你會聽過起因界。起因界是非常崇高的精微振動的次元，只有當你的肉身生命結束後，你的許多層次的能量和諧並進化到某種崇高狀態時，你才能停留在這個空間。大多數靈魂在離世後會來到星光界，因為他們還不夠進化到足以生活在起因界。很多高層次的指導靈來自起因界，或更高的空間——來自所謂的「多次元實相」。要生活在這些次元，需要對二元極性有很好的駕御能力，對情緒和意念有高階的控制力，以及對於能量的使用很有技巧。有些指導靈曾在地球生活，快速進化，完成那些功課，現在是居住在起因界的純粹精神體，要藉由服務人類繼續進化；還有其他的指導靈則來自「多次元實相」，是其中極為崇高的存有。

你們有些人也許會選擇與你的大我通靈。你的大我會給你愛、慈悲、靈性的指引和睿智的建議。你的指導靈和大我在這裡都是為了服務你的成長，提升你和協助你活出更高的目的。

你的內在眼睛可以看見指導靈有特定的國籍，穿適當的衣服。我——歐林，在珊娜雅通靈時會坐在她身旁，看起來像是一團閃耀的光。她覺得我大約有八～九呎高，當她想看清我的臉，她只會看到一團明亮的光。我通常會穿著古代修士的長袍出現。

有些人說他們看見指導靈的顏色，有些人是聽見指導靈的聲音，有些人則感覺指導靈是心中的開啟。當你習慣在更高振動空間的看，你也許會更清楚地看見你的指導靈。有些人描繪指導靈為熟悉的人物，例如耶穌基督、佛陀或天使——對他們而言代表愛與智慧的人士。指導靈也可能以美洲印地安人、中國聖者、印度咕魯或偉大的大師，例如聖哲曼等形象出現。

指導靈也可能以男女的性別出現，雖然在純粹能量的世界並沒有二元極性，所以指導靈並非真的是男性或女性。指導靈會選擇最能完成他在此地要做的事的形象，或與你最有關係的身分出現，如果他們想展現的工作本質是柔軟和滋養，他們也許會以女性的形象出現。想顯現男性特質的指導靈會以男性的形象出現。有些指導靈會採用他在地球生活的那一世的形象，並用當時的名字自稱。人類有多少身分，指導靈就有多少身分，所以對指導靈想對你顯現的形象開放吧！

有些指導靈非常知性，想教導你新的科學、邏輯、數學觀念或新的思想體系。有些其他次元的存在體來自超越一切形式的本質的世界，他們適合那些不在意形式、細節或生活和工作等的特定資訊，而想直接運作能量或經驗能量本質的人來通靈。如果你期望指導靈給你特定的建議，像是住在哪裡或做什麼生意，你恐怕會失望。然而，如果你想透過碰觸或身體工作運用能量，他們可能會幫助你創造驚人的成果。如果你想探究實相的本質，他們可能會為你做長篇大論的解釋。

即使在最高層次的指導靈，也有不同的天賦和專精的領域，就和你們一樣。有些指導靈可能非常擅長提供具體的建議、解決問題和幫助你處理每天的生活；有些指導靈則非常擅長啟迪人心和提供資訊的談話，或闡釋靈性的真理。如果你問了一個並非你的指導靈專長的問題，他們也會設法為你找到資訊。例如：你的指導靈可能擅長傳達靈性訊息，而對科學類的議題缺乏資訊，如果你需要科學方面的資訊，而取得它對你而言很重要，那麼你的指導靈會為你找到它——也許是把擁有這個知識的書或人送到你身邊，或是由別的指導靈來給你答案。

別認為一旦你開始通靈，你便無所不能。指導靈選擇你是因為，你的目標和他們想為地球做的事一致，所以很有可能你想要做或正在做的事，在指導靈的幫助下繼續開展。當然，如果你碰到的是你或你的指導靈的知識範圍以外的事也無妨。

有些指導靈稱為「光之靈」，因為他們運用光，並以光為語言

有很多高層次的指導靈幾近純粹的能量，他們已進化為精神體並散發燦爛的光芒。有一些被稱為「光之靈」，因為他們在光的世界裡工作，使用光為語言，並直接傳送思想波給他們工作的對象的靈魂。我們——歐林和達本是光之靈，能在第四、第五以及更高的次元遨遊。我們的進化超越起因界，我們來自你所謂的「多次元實相」。只要你呼請我們或你的指導靈，我們就會提供協助。我們的目的是，幫助你從我們的世界連結你自己的指導靈、或與我們有著同等智慧與光明的指導靈，以協助你進化，並達到更高的意識。

指導靈可能來自的地方難以計數，因此比較有用的不是擔心指導靈的來處，而是分辨哪些是幫助你的指導靈，哪些不是。各種修為的靈魂可能存在於每一個次元。存在體有可能來自許多不同的次元和實相，處於他們個別的進化的不同階段；對你而言，分辨你和什麼樣的指導靈連結很重要。每一個實相的空間都有偉大的老師。我們最在意的是，你的指導靈有足夠的能力，並承諾幫助你的靈性成長。

高層次的指導靈是帶給你指引、明晰和方向的來源

人們經常問我們：「如何知道自己吸引的是高層次的指導靈？」我們認為你們全都擁有分辨的能力。當你和人們碰面，你對他們的智慧和愛會立即有感受，你知道你在他們身邊是否感覺舒服、愉快或是貶抑挫折。你可以把對人的判斷用在指導靈身上。你有分辨智慧的能力，真理會和你對真理的感覺一樣。

高層次的指導靈前來照亮你的道路，他們唯一的願望是為你帶來更高的益處。他們在那裡為了幫助你憶起你是誰，放掉恐懼，學會愛自己和別人。他們來增加你的喜悅，並幫助你的個人成長以及你在地球的工作。

高層次的指導靈從不恐嚇你，也不助長你的小我人格。他們不諂媚，但會讚賞你的進步。他們會創造你對於擴展的知覺和更大的內在視野。他們鼓勵你運用你的智慧和判斷力，而非盲目地遵從他們的話語。他們絕不告訴你「應該」做什麼，或意圖直接決定你的生活。他們支持和鼓勵你發展並運用你的內在力量和更深的智慧，他們會鼓勵你不要把力量交給他們。

高層次的指導靈通常很謙虛，認知他們的真理並非唯一的真理。他們可能會提出強烈的建議並幫助你做自己的選擇。高層次的指導靈也許會點出你的人生有什麼不對的地方，但是他們告訴你的方式會讓你感覺自己是被支持和有力量的。

高層次指導靈很少預測未來。如果他們這麼做，是因為那些資訊對於你的成長或對全體人類有益。如果別人的指導靈給你的訊息，矮化你或讓你對自己感覺不好，你可以選擇是否要接受它成為你的真理。如果你接受一個通靈諮商後，對你的人生感到恐懼，那麼你遇見的並非高層次的指導靈，因為他們會讓你感覺提升和被支持，支持你作自己，幫助你用新的、更寬廣的方式看自己。然而請小心，你也可能把一個提升你的訊息變成不喜悅的訊息，如果你選擇以負面而非正面的方式來聆聽它。

高層次的指導靈最關心的是你的更高目的

高層次的指導靈會表達得很精確，以最少的言語傳達最多的意涵。他們教導包容，鼓勵寬恕。他們的建議很實際，通常很簡單，謙虛，絕不誇大，並且讓你感覺很好。他們建議的任何步驟都是有用的，會讓人們的生活更幸福。高層次的指導靈只談論人或事物的美好，因為他們全部的本質之中充滿了愛與美好。

如果你要求，他們會讓你看見你的課題，告訴你在這裡要學習的是什麼，但是允許你繼續停留在某個情境中，如果你選擇如此。他們會小心翼翼地不取走你的功課。如果你正要面對的是一件會教給你珍貴功課的事，但它頗為困難，他們可能會指點你，以更喜悅的路來學習相同的事。然而如果你堅持原來的方式，他們也不會阻止你。選擇喜悅的決定權在你，如果痛苦和掙扎可以讓你獲得最佳的學習，高層次的指導靈不會取走它們。

認出不夠進化的靈體

歐林和達本：

對於是否要遵從某位指導靈的建議，有時候人們會感覺迷惑。是否要用你自己的能力去分辨和認出智慧的決定權在於你。當你接收到你自己或別人的指導靈的指引時，問你自己：「對我而言，遵循這個訊息是對的嗎？這個訊息是限制我還是讓我擴展？

它是正確的嗎？它對我有實用的價值和即刻的效益嗎？它符合我內在的真理嗎？」

回想上一次你接受朋友或指導靈的建議但效果不好的經驗，難道沒有某一部分的你其實並不想遵循那個指引嗎？你大抵知道什麼事情對你最好，仔細地衡量你收到的訊息，用你的常識去決定要不要採用那個資訊，不要盲目地接受關於你的生活的訊息。高層次的指導靈會幫助你對你自己的真理愈來愈有自信，通靈的建議只有在感覺起來對的時候再遵循，別因為它是通靈得來的便照單全收。只做那些你感覺喜悅與適當的事。

只接受那些符合你最深內在的訊息

你如何認出那些不夠進化的靈體？他們有些喜愛預言災難，並享受挑起人們恐慌的高張情緒。他們的預言並非為了幫助人們或心中懷著更高的目的。他們的訊息可能會錯誤地滋長人們的小我，例如：告訴人們說，他們將來會變得有錢或出名，卻知道這顯然不是他們的道路。你會知道你是否連結到了較低的指導靈。在他們的諮商之後，你會感覺害怕、無力、沮喪或擔心起你的生活。

不夠進化的靈體，有可能誘使你去做那些你心裡明白不高尚和沒有愛心的事。不夠進化的靈體經常在朋友之間挑撥離間，意圖激起你的報復之心。他們可能建議你要為一些恐怖和看不見的危險保護自己。有些靈體，特別是不夠進化的靈體，對於你的濃密情緒特別感到興奮，所以會設法引起它們；其他靈體可能只是浪費你的時間，給你不正確或前後不連貫的資訊。不夠進化的靈體說話裝腔作勢、言語瑣碎，或看起來好像很有深度，其實盡是一些言不及義、毫無價值的話。

低層次的指導靈無心帶引你的能量進入更高的秩序。他們可能對你的靈性成長不感興趣，甚至沒有覺察靈性成長的道路，也不明白人類此刻的進化方向。你會認得出來，因為他們給你的指引可能聽來有趣，但對你而言並沒有實際的價值。他們也許不是壞的靈體，只是他們和你並沒有相同的目標，或並不了解你的獨特命運，因此無法「指導」你。這些靈體未必會對你造成傷害，雖然他們的負面能量在靠近你時，可能讓你感覺不舒服。他們甚至有可能出於愛而接近你，但他們也許不如你進化。你會因為他們缺乏宏觀和智慧，而認出他們是否不夠進化。

有一個和你們相差一階層頻率的實相稱為「星光界」，那是許多靈魂在轉世之間會去的地方。在較低的星光界，有很多想重返地球的靈體，他們或許想透過你體驗生命。他們通常沒有惡意，只是無知罷了。當他們靠近，你會認出來，因為你可能會感覺他們情緒中的恐懼、痛苦和疑慮，感覺他們的不平靜。這個層次的靈魂，大多數的進化程度不足以幫助你，我們不建議你對他們通靈。他們代表的是通往各式生命途徑的十字路口。這些被束縛在地球次元的靈體可能並不明白他們已經死了，如果你感受到他們是這種情況，告訴他們——進入光。

指導靈只有在你的允許下才能透過你說話

我們建議你，絕對不要把這些靈體帶進你的身體，或對他們做口語通靈。你會認出他們，因為他們的振動頻率和感覺並不高，你會感到沉重或甚至抗拒。他們無法占據你，因為地球次元對他們而言很難穿透，在這個實相你才是有主控權的人。你的好奇、想和他們一起玩或對他們的遷就，會讓他們不願離去。保持堅定，切斷連結。如果你問指導靈來自哪裡，他們不會欺騙你；如果你問他們是否來自光界，如果不是，他們無法說是。當你要求一位高層次的指導靈，他就會出現。

高層次的指導靈會幫助你對自己和別人更慈悲

如果有不夠高或沒有愛心的指導靈想透過你說話，清楚而堅定地說「不」就行了。當你對你的指導靈通靈，你知道他感覺起來怎麼樣，別的靈體無法騙你。一個高層次的指導靈會讓你感覺提振、充滿愛、美妙，你會感覺很安好。如果你感到絲毫的沮喪、悲傷或憤怒，你便不是和一位高層次的指導靈在一起。那麼請他離開，並要求更高的指導靈。

個人的指導靈

歐林和達本：

每個人都有一位陪伴你度過人生的指導靈，人們稱他們為守護天使。有時候會有好幾位指導靈一起幫助你，特別當你處於人生重要的轉捩點時。通常這些指導靈並非高層次的指導靈，然而他們進化的程度高於你，因為他們經歷過地球生命，並且能夠覺察比你所知更大的實相。他們可能是在世時你認識的人，他們的進化超越了地球的負面情緒；他們也可能是在其他轉世時和你在一起的人。

他們在此幫助你遵循你選擇的命運和度過特殊的課題，不論你是否踏上你的最高道途，或者能否覺察他們的存在，他們都和你一起工作。他們的部分目的是協助你完成你來這裡要做的事。這些指導靈並非「不如」高層次的指導靈，只是他們的次元或意識的範圍，不像高層次的大師指導靈那麼寬廣。

高層次的指導靈與你的個人指導靈一起工作，協助給你關於此生的細節或特定資訊。在某些方面，你的個人指導靈會作為你和高層次指導靈之間的橋樑。一旦你連結了高層次的指導靈，你和指導靈的連結就會從個人指導靈轉到高層次的指導靈。

珊娜雅和杜安：

談到指導靈，有無限的各種可能性。你對指導靈的體驗，可能與我們的不同。我們鼓勵你尊重自己的體驗，讓指導靈告訴你他們是誰、來自哪裡，別把他們放進任何分類。歐林和達本對通靈所給的資訊並非不變的法則，只是通用的指導原則。

第四章

指導靈如何與你溝通

指導靈如何傳送訊息

歐林和達本：

指導靈接觸你的靈魂，他們的訊息經由你的靈魂流進你的意識，然後透過你具備的語彙和概念轉譯出來。指導靈用來傳達訊息給你的靈魂的方法是無限的。出神狀態和聚焦有助於避開人格的干擾，創造讓資訊可以流動進來的清晰「管道」。

為了通靈，你進入出神狀態設定你的頻率，而我們則調降頻率來對準你。它並不是精確的能量對準，而是一種互補的情況。我們在我們所在的次元創造與你在你的次元類似的電磁場，當我們的能量場彼此對準時，傳送就開始了。我們「配合」你處理頻率的能力，對於正確的資訊傳送很重要。當你繼續通靈，透過你的回饋，我們學習監控我們的傳送和控制我們的電磁場；當你對通靈更有經驗時，你會知道如何更精確地追蹤我們的能量場。只要你進入出神狀態，我們會立即給你能量的提振。

為了幫助你理解這件極度複雜的事，請你想像只有一個宇宙。別把我們的存在想成與你不同的宇宙，我們只是以不同的頻率存在於相同宇宙中。你看不見我們，直到你能改變或擴大你的意識而接收我們的思想波。

我們能覺察你們每一個向上伸展的人

我們只有在設定與你相同的頻率時，才會像打開門一般地，能夠通過你。唯有當我們把頻率調整到你們的宇宙能夠顯現的狀態時，才能看得見和聽得到你。當你向上伸展、要求與指導靈的連結時，你的能量場會改變而讓我們看得見你。你向上伸展的意圖在我們的次元看起來十分清楚，是以當你向上伸展時，我們會覺察到你。然而即使我們看得見你，也不是像你們看見彼此的那種看見。我們感知你為一組變動的能量圖案、色彩與旋律。你們的世界對我們而言，是一組變動的能量和生命能的諧波。當你要求連結，我們便開始在我們的次元設定配合的頻率，讓連結能夠發生。

我們指導靈把你們的地球實相視為三次元的世界。次元愈高，限制或阻礙便愈少。當你死亡，你的振動頻率會變高，在地球空間變得看不見你，但在別的實相卻看得見你。你變得能夠穿透牆壁或物質，並不是牆壁的密度，而是你和牆壁之間的相對振動讓你無法穿越它。當你的振動頻率增加，你會開始看見以前看不見的東西，像牆壁這樣障礙，對你而言也像是透明的一樣。

通靈是一種學得會的技巧

你的大腦結構由左右腦組成。一般而言，右腦處理直覺、感覺、非語言溝通、創造力和靈感；左腦則用於記憶、邏輯、文字和語言。大腦的功能是把你的經驗以理性的方式整合、組織和歸類。通常指導靈傳送訊息給你的右腦，它對印象的接收力和敏感度比較好。通靈要求建構一種特定的流動以及左右腦的協調合作，這在比較安靜平和的出神狀態能夠做到，讓你對更高次元有更好的接收能力。

通靈需要你同時使用你的左腦和右腦。接收指導靈訊息的挑戰之一是放手，學會接收更高資訊流（右腦功能）的說話或寫作（左腦功能：包括行動、組織和詞彙），同時使用你的左腦和右腦，讓指導靈的訊息有可能被精準而正確地傳達。

當你通靈時，新的神經通道會在你的大腦建立、發展和使用，對你的思維模式產生改變。每一次你學會一項新的技能，諸如打字或畫圖，就會有新的神經資訊通道在連結你的手臂和大腦的肌肉中生成。每一次你透過通靈帶進更多的光，你便能用更高、更專注的方式思考，即使當你離開通靈狀態時也一樣。

在有意識的通靈中，指導靈把訊息以一種更高的心電感應的印象加在你的心智上，這是我們鼓勵你進行的接收，如此你能保留對肌肉的控制權。有些人「感知」訊息（稱為靈知力），有些人「看到」訊息（稱為靈視力），有些人「聽見」訊息（稱為靈聽力）。有些人會收到豐富的意象之後，再用言語表達出來。

有些指導靈運用更高的心電感應的形式對你傳送

在所有的心電感應中，傳送一般的想法比特定意象例如名字、日期和細節來得容易。要培養接收特定細節的能力，通常得要練習對準指導靈一段時間。我們通常對你傳送光的意象、思想波和能量層次的資料，讓你自行填充材料、動作和最貼切的字眼，來表達這些我們送出的能量。很多訊息以畫面和意象的效果最好，它們通常需要你運用你的詞彙和概念來轉譯為話語。

有些指導靈會以隱喻或故事和栩栩如生的例子來說明；有些指導靈直接處理卡住的能量；有些指導靈用顏色、形狀和形式來傳達訊息；有些指導靈透過你的聲音說話，或用你的手來做創作。有些指導靈談論能量中心，有些指導靈談論前世；有些指導靈談論靈魂的目的，有些指導靈談論宇宙的更高真理。有些指導靈是詩人，有些指導靈是哲學家；指導靈有的幽默，有的嚴肅。指導靈偶爾會直接拋出一連串的問題，挑戰人們找到自己的答案而非提供訊息。

指導靈會選擇在語文或技能上能一起工作的人作為訊息管道。科學型的指導靈可能選擇具備科學素養的人，藝術型的指導靈會選擇藝術家，哲學型的指導靈會選擇對哲學有興趣的人為訊息管道，依此類推。當指導靈傳達的訊息超過你的語彙範圍時，他會尋找最接近的字眼。例如，當提到某個你不知道怎麼說的身體器官時，他們可能會以一段敘述來替代它的名稱。

指導靈用你的語言和概念來表達他們的訊息

有時候當你連結指導靈，腦海中會立刻浮現話語；有時候你就是感覺話在嘴邊，完全不知道接下來要說什麼。有一個人說，他會看見字眼從打字機裡跳出來，他只是把那些訊息讀出來；有人會看見螢幕上演出的影像，他們只是談論或解釋那些意象。指導靈會運用最適合你和當下訊息的方法。訊息不一定透過你的聲音來傳達，它們可能以任何你能表達的方式透進來，例如透過你的手的碰觸來傳送能量。指導靈會選擇最輕易的方式來傳達訊息，而你會用最自然的方式去接收它。傳送的方式也可能會隨著你繼續通靈而改變。

接收者和翻譯者的角色

歐林和達本：

既然你是說話的人，你可以把自己當成翻譯。你或許會對你的翻譯正不正確有種

「感覺」，或對於要說什麼有種「感覺」。你也許會對於正確的字眼「感覺」特別偏好，對於不那麼正確的字眼沒有這種感覺。要增加你作為翻譯的正確性，注意你的感覺。如果你突然感覺不舒服，放掉你正在通靈的訊息，讓其他的方向出現。放慢速度，注意那些正在透進來的話。如果你選用了不恰當的字眼或概念，我們會用一個信號或感覺告訴你——方向不對。

如果你發現你自己對收到的資訊感覺無趣，那表示你已經失去和指導靈的連結。有時候你會發現你在說話，但是話語後面的、來自指導靈的思想脈動的源頭已經不見了。如果你發現自己在填入話語，慢下來，放慢速度說話。這會給你時間去找到對的感覺的字眼，以符合傳送給你的能量流。

在一次通靈之後，我們可能也會指導你如何增進接收的能力。你也許會發現自己在回想剛才的傳送，思考如何說得更正確，帶著更大的慈悲，有更正面的感覺。你的想法反映了我們想要提升你傳送能力的意圖。

清晰地接收指導靈的訊息需要練習

你的指導靈必須習慣你的能量系統，並能對它進行精微的調整。即使有時候那些文字和概念看起來像是你的意念，它們的振動也會被提升並以不同的方式陳述或結構。或許最困難的通靈訊息是那些顯而易見或你已有預期的答案。有時候為你所愛的人或認識很深的人通靈更難，因為有一部分的你已經知道答案，而你的指導靈如果說了一樣的事，你可能會認為那來自你，而非來自你的指導靈。我們一起工作的靈媒，大多數都非常真誠地將他們接收的資訊一字不差地傳達。如果你收到一些訊息和你已經知道的一樣，別不把它視為一個訊息而不說。

並非所有的傳送都有完美的形式或文字，甚至概念來詮釋它。通常在傳送中總會有一些損失。你們從事翻譯的人都明白語言轉譯之間的困難，不同的語言反映不同的思考過程。當你開始通靈時，我們會注意你選擇用來描述我們的傳送的字眼、語法或觀念。

我們能觀察你的人格、信念和概念結構，並依此調整我們的思想波來接近你。我們會密切地觀測你的轉譯，並不斷地微調我們的傳送，讓你的接收愈來愈能反應我們送給你的訊息內涵。

有時候，你在通靈時會想起或提到你的過去經驗，而它們很適合你解讀的內容，彷彿你在回憶而非通靈。你的指導靈也許讓你談你自己的經驗，但以一種更高的智慧和理解的層次去說。

從事擴展知覺的活動，有助於你成為更好的訊息管道

你所有的閱讀和探索，都能增加你對指導靈提供的資源。指導靈會運用你閱讀過的內容，並以新的方式整合重組，他可能會用上你在十年前讀過的資訊，或你昨天才知道的概念。請了解，你頭腦中的一切對指導靈而言，都是潛在的材料。

當你的指導靈對別人說話時，他可能會在你的心裡說：「回想起這本書。想起這一段。想起這個概念。」那可能恰好是你諮商的對象此刻最需要明白的事。你的指導靈也許會在你的意念中穿梭，並選擇在你的記憶中適合此刻談論的事。另一種傳送的方式是給你一個「靈感」字眼。你也許從「勇氣」這個字開始接收，當你說出這個

字，整個相關的想法就泉湧而出，被那個字眼所啟動。

你的指導靈會把你的人生智慧放進一種通用的架構。他會指引你透過經驗正在學習的宇宙功課是什麼，幫助你用更高、更靈性的觀點來觀察你的生命。你的指導靈也許也會運用這些宇宙真理來指引別人。

指導靈鼓勵你連結自己的靈魂的智慧

一般而言，我們會用你的思想說話。在你通靈的時候，我們是推動你的思緒的源頭、選擇觸動你的哪些想法的角色，推動你的心智以特定的方式說出某些特定的事。我們照亮你的心智的特定區域，我們也啟用你自己的靈魂的知識。我們並非汲取我們的想法，而是從你的心智找尋必要的字眼去表達那些事。你的心智有愈充實的知識和經驗，我們就有愈多的選擇來表達我們的思想波。

你的指導靈透過你的人格和聲音出現，所以他（或她）一開始感覺起來有點像你。請記住，因為你一向認為你的聲音是你，當你聽見你的指導靈講話，你會把這個聲音當做是你自己在講話。如果你的指導靈聽起來和你平常說話的方式不一樣——也許帶點口音或速度或音調不同，你會比較容易相信那是你的指導靈在說話。

語言非常重要，而語言的精確和你理解的畫面的大小有關。我們可能必須寫下幾冊的書，才能為你們解釋我們的基本概念。為了簡縮資訊以對你提供幫助，可能要犧牲其中的一些精準與正確，因此誤解是可能存在的。我們遊走於微妙的邊界上，一邊為你簡化資訊，讓它們可以理解，一邊同時保留它們的深度、清晰、智慧與存在我們的層次的真理。

我們通常運用舉例、隱喻和比較來傳達我們想給你的訊息，在這過程中，總是有過度簡化訊息的可能性，不一定能包含那些例外和特例的情況。我們可能需要創造字眼去解釋我們的意思，因為你們經常沒有那些我們要的語彙。當你成長和了解得更多，我們便能傳達更複雜或範圍更廣闊的訊息。

我們給你的是，你此時能運用和理解的建議。有時候因為你看不見更大的畫面，而對我們的建議做下錯誤的結論。你在某個階段對於特定主題接收的資訊，在你成長時通常會被擴大、釐清和修正。這是為什麼記錄並重新閱讀你的通靈訊息是很有價值的，因為當你從一個可以覺察更大畫面的未來往回看，你通常會看見和原來不同的訊息詮釋，你可能會在指導靈給你的訊息中，看見比先前更大的智慧。通靈訊息在未來的時間來看，可能會有更深的意義。

第五章

預備通靈

吸引高層次的指導靈

歐林和達本：

你與指導靈的首次相遇是一段特別的時光，最好把它當成特別的事件來準備。它是個獨特的經驗，人人不同。即使是那些已經隱約知道指導靈存在的人，也發現當最後的調整完成，真正地做到和指導靈第一次完整的連結之前，那些時光是讓人充滿期待的。

實際邀請和接受指導靈進入你的生活有許多的方法。這可以在其他高層次指導靈的監督和指引下發生，或者你可以自已要求連結而直接接觸你的指導靈。我們為你設計這本書的目的，就是指引你如何接觸你的指導靈。第二部分的第六、七兩章的過程，可以作為呼請指導靈的程序。你可以自己執行這個過程或請朋友幫忙，另一種方便的做法是，錄下第六和第七章的過程再放出來為自己引導。如果你喜歡，你也可以參加開放通靈的課程，以協助你呼請你的指導靈。

另一種輕鬆的方式是——請朋友在現場為你提問，保持焦點，相信你，聆聽並提供協助。有些人發現，在有人需要幫助或解答的情況下，通靈會變得更容易，因為幫助別人的欲望會刺激他們克服說話或連結上的遲疑。在第七章，我們提供了有關於你的朋友如何支持你通靈的指引。

到了某個點之後，你會希望通靈時有其他人在場，因為別人的回應會提供你額外的回饋，讓你的指導靈知道要帶給你什麼層次和難度的資訊。當你和你的朋友表示對訊息的理解程度，你的指導靈就會更能完整地評估你對訊息的轉譯情況，並作適當的調整。你的指導靈於是可以決定是否需要簡化訊息或增加它的複雜度，或者是否要給你額外的資訊或背景知識。

期待第一次通靈

歐林和達本：

高層次指導靈的進入幾乎是全然的溫柔，除了甚為少數的例外，當指導靈和你們的振動有極大差距的時候。在我們和我們觀察許多人的經驗中，指導靈寧願溫和地進入而讓你懷疑他們的存在，也不願意讓你驚嚇或害怕。由於大多數指導靈進入時都很溫柔，而你又處於輕微出神的清醒狀態，你也許會發現自己懷疑這一切只是想像？

指導靈輕柔地進入你的能量場，你可能會懷疑他們的出現

有些人很容易開始通靈。當你和指導靈的能量場很接近，你可能不需要太長的轉換時間或不舒服的感覺，就能進入出神狀態。有些人需要更久的時間來達到出神，需要時間去平靜頭腦、凝聚能量，並對準指導靈的能量。有些人在指導靈進入時會顫抖或有強烈的身體感受，但這並不常見。當他們開放並學習處理更大的能量流動時，這些強烈的感受就會降低。發熱和麻癢是最普遍的現象。這些身體知覺通常在指導靈剛

進入時會出現，在你繼續通靈後便會慢慢消失。如果你有任何不舒服，要求你的指導靈幫助你對他的能量開放。

當你繼續通靈，你會感覺到指導靈的振動與你的不同。通常指導靈的振動超越你的一般知覺，你可能要花一段時間才能學會分辨你和指導靈的差異。你可能會注意到你的身體、姿勢或呼吸有些微改變；或者你會觀察到你說話聲音的韻律、速度或模式有所不同。有些人會立刻感受這些差異，有些人不會。

當指導靈覺察到你處理他的能量的能力，他會加深你們的連結。你也許會接收到如何加強連結的建議。隨著每一次的通靈，你和指導靈的連結會變得愈深也愈穩固。為了增強你對指導靈的知覺，你可以想像身邊有一位非常有力量和愛你的高靈，他完全地接納、保護、關心和支持你，而且很有智慧。繼續假裝指導靈就在你身旁，最後你一定會感受到他，而不僅是想像他的存在。

你也許能感覺指導靈，但看不見他的樣子。有些人看到的是光影和顏色，有些人感覺他們飄浮在空間中。指導靈的世界是如此充滿光明，有時候人們進入時會感覺目眩神迷，像是從暗室走進白晝，需要調適一段時間才能看得清楚。當人們開始接觸這個更高的世界，有時候會對這些感受不知所措而無法帶回具體的訊息或建議。他們覺察到一個振動更高的世界，然而在他們能悠遊其中之前，需要一些時間來適應。

接觸指導靈需要保持聚焦和專注的能力

如果你讓心思意念四處遊走，你可能會失去連結。在你能輕鬆地維持必要的聚焦和專注之前，你需要運用意志力來保持連結的穩固與確定，把注意力完全放在指導靈談話的內容上。為了做到這件事，你必須摒除其他干擾你的念頭。有些人說，那像是一個高度向內聆聽的狀態。當你愈來愈熟練，你會能同時體驗你的想法和指導靈的訊息。一開始訊息可能很模糊，感覺起來像是話在舌尖上呼之欲出，但是你無法具體表達。請直接移到下一個想法，也許你會發現，當你在說其他的事情時，原先的想法會變得更清楚。

在第一個字眼出現時立即說出來，好讓下一個字眼流動。你可能會覺得這樣很冒險，因為平常說話時，你會先知道自己要講什麼才開口。當你開始通靈時，只要讓資訊流動就好了。你也許擔心自己看起來很荒謬，或說出沒有意義的話。請你放下、信任、像孩子般遊戲、保持實驗精神。如果進來的訊息太快或太慢，要求你的指導靈調整速度。有時候你會發現，自己像是浸泡在一堆資訊中，很難一次表達清楚。如果你發現不相關的細節東一塊、西一塊地進來，你可以選擇一個你有興趣的地方，從那裡開始。

剛開始你無法從訊息的內容分辨指導靈的層次。然而，和高層次的指導靈在一起，會有一種美好、正面和提升的感覺。指導靈會激發你的大腦的特定區域，然而一開始，他們未必有足夠的經驗可以和你一起工作。建立連結也許要花一些時間。你說的第一句話也許無法正確地反應指導靈傳送的意思。在這段期間，就像其他任何的學習過程一般，很多懷疑會生起，這是很正常的。

通靈伴隨一種知覺力的提高和美好的感受

在指導靈探索如何傳送最清晰的訊息給你的初期階段，會有一些實驗和試誤的過程。我們有幾百種方式可以在你的意識留下訊息印象，而我們會選擇阻力最小的路徑。你對指導靈的感覺愈舒服自在，指導靈愈能成功地以適當的知覺方式傳遞訊息給你。如果訊息和它的意義對你而言感覺很遠，表示你的指導靈沒有以最直接的方式與你連結。

你和你的指導靈之間可能對很多事情有著相似的想法和意見，你常常感覺彷彿你和你的指導靈是同一個人。當你達到與指導靈感通和諧的境界，阻隔你們兩個世界的帷幕將會變得稀薄，你會自己能夠觀察和理解許多新的事物。

通靈比人們以為的更容易

大多數人說：「這比我想像的容易。」或是：「我以前就經驗過那種感覺——很相似。」就是這麼容易。你最大的挑戰在於，讓你繼續說話而不中斷那個流動，不要老是懷疑你的通靈是真是假。

你也許會對那些穿透過來的智慧感到訝異。當你說話時，在更高的振動中你會感覺自己相形失色。別追求那些隱藏、偽裝、晦澀、含糊或玄祕的訊息，你並非挖掘深藏的資訊。說那些看起來清楚明顯的事，因為有時候，最顯著的也是最重要的。當你處在高靈的空間中，真相通常明顯而簡單。

請明白在你剛開始通靈的時候，不一定會有口語的訊息透過來。你的指導靈可能只是在能量層面工作，為你擴展、開放和準備你進入下一個階段的開展。或者你會收到的指引是內在的訊息和畫面。

當你通靈到了某個程度，你可以開始做實驗。在呼請指導靈前先問一個問題，記住你心中的答案；然後呼請你的指導靈，再問相同的問題。你大概會發現一種不同的回答，更有愛心、觀點更寬廣。即使你們有相同的答案，你也可能發現指導靈的版本和你的有微妙的差別。

在初期階段，記錄你通靈時說的每一件事特別重要。有好幾種理由：它會幫助你了解你的進步，幫助你回顧並看見你帶進來的智慧。一位並不確定自己是否通靈的女士，把指導靈的訊息打字保存下來。她在三個月後找到那份紀錄，閱讀它時簡直目瞪口呆，那些訊息中的智慧震懾了她。指導靈說她會發生的事，她都真的經驗了。重讀那份紀錄讓她相信，她做的事很有價值。

記錄你的通靈內容還有另一個原因，當你的話被錄下或寫下，它們會變成你的部分實相，它們會幫助你在物質世界創造甚至更高的智慧。每次你記錄你的話，你再進一步實現它們，讓它們向現實世界推進一步。

當你呼請指導靈，他必然出現

人們問：「為什麼當我呼請指導靈，他都會出現？」容我們解釋，我們生活在超越時間和空間的世界，當我們承諾和你一起工作，我們會覺察我們工作的一切。對你而言，當你的想法改變，你的畫面就變了，然而對我們而言，我們隨時都保有與你一起工作的完整圖像。在我們每一次和你說話之間的時間並不存在，對我們而言，沒有結束或開始，只有一條連繫構成我們在一起的時間。

當你進入出神狀態，我們的一部分便會立即出現在你的宇宙；而那一部分的我們並不知道線性時間，仍覺察著我們上次的相聚。這就像你們電話進進出出的熱線一樣，我們等待的是你的下一個清楚的連結。組成我們的意識比你們的廣懋得多，我們可以同時處理成千上萬件事。我們對你的連結只占據我們的知覺的微小部分，而我們對你的承諾之一就是，在你呼請時，維持穩定清晰的訊息管道。

是你的靈魂還是指導靈？

歐林和達本：

人們通常在第一次通靈時會尋求解釋。他們不明白他們接觸的是自己的一部分或是指導靈的智慧。通靈時，有些人體驗他們的指導靈為與他們不同的靈體，有些人則感覺他們接觸的是他們的大我或靈魂。讓我們檢視這些知覺。

你可能會想知道，接通你的靈魂而非指導靈是什麼感覺。你們很多人不知道自己的靈魂感覺起來如何，因此很難區別靈魂的想法和指導靈的思想波有何不同？我們會稱你的靈魂為——存在於這個次元之外的更大的你，你死後靈魂仍活著，記得你的生生世世，為你選擇下一次生命和成長的機會……等等。我們會交替使用「靈魂」、「本我」和「大我」等字眼。

除非你能覺察精微的差異，否則很難在體驗層次決定你是在對指導靈通靈，還是帶進了靈魂的光。隨著時間和練習，你會愈來愈能覺察其間的差異。

所有的通靈都經過你的靈魂

在我們透過你說話之前，必須經過你的靈魂同意。我們首先傳送能量波給你的靈魂，然後你的靈魂會把訊息送進你的心智。不管你在通靈時是否保持清醒，我們都直接傳送給你的靈魂。這是為什麼即使你是無意識的狀態，那些談話也會帶有靈魂的印記，因為它是從你的靈魂透過來的，很有可能對你而言，帶著一種熟悉感。

如果你想證明你接通的是指導靈而非你的大我，你可能無法找到證據。什麼是證據因人而異。帶進你本來不知道的資訊和驚人準確的洞見與預言，對你而言是證明，對別人而言可能不是。

你終會獲得一個自己的了解。有些人號稱那是他們的較高智慧、靈魂或大我在說話，另一些人則言之鑿鑿地說那是指導靈。如果你收到指導靈的名字並感覺是指導靈透過你說話，信任你自己的內在了解。

也許你感覺你的靈魂在說話而非指導靈，有時候確實是你的靈魂。和你的大我或本我通靈也很好，因為你們確實是美麗睿智的存有。你的靈魂的智慧遠高於你的認知，來自你自己較高層次的本我的智慧，就像任何來自高層次指導靈的智慧一般深邃。

杜安：

當我觀察人們通靈，我看見他們的能量場真的有某種變化，他們會離開所謂的「直覺自我」層——他們的能量體之中看起來很平順和諧的一層，而進入指導靈的空間，從外部帶進資訊和能量的提振。當我和人們說話時，對他們指出我看見的變化，他們會幾乎在同時體認一種身體知覺、想法或訊息的改變。

請教指導靈的名字

珊娜雅和杜安：

有些人會立刻收到指導靈的名字。有些人會聽到發音和字母，之後才會形成名字。有些人說，他們很努力想得到「正確」的名字時反而感覺很迷惑，只有在後來放鬆時才真正地收到名字。有些人在要求之後的一週才收到它，還有人從來不知道指導靈的名字。指導靈說，他們在意的不是他們的名字是否正確，而是他們希望人們對這個名字感覺很好。很多人發現在他們通靈後的幾天內，指導靈的名字會改變或做修正，直到他們收到一個感覺良好和適當的名字。

指導靈告訴我們，直接向你的指導靈問名字，而不要由別的指導靈告訴你，這會強化你們的連結。歐林也常告訴人們：「剛開始通靈時，知不知道指導靈的名字並不重要。在我們的世界，我們透過能量的型態辨識彼此，因此我們尋找的是最符合我們的能量的名字，包括我們在過去世曾使用的名字。」

有些人發現，從收到第一個字母或發音開始，他們能自然找著名字的正確發音和拼法。有時候當他們讀到一個名字，就立刻知道那是指導靈的名字。有些人會收到好幾個名字和好幾位指導靈。一位女士擁有十二位指導靈，他們自稱為「十二議會」。還有一位女士有三位自稱為「親愛的」的指導靈，其中一位指導靈會回答所有的問題，但是偶爾，特定型態的問題會由另一位回答。有位男士要求指導靈的名字，他的指導靈不斷告訴他「我們沒有名字」。有位女士的指導靈非常睿智，訊息靈通，但她從未收到名字，兩年後她終於放棄詢問指導靈的名字。接受你的體驗為最好的體驗。

很多人查詢他們的指導靈名字的意涵，發現那對於他們有特別的意義。有位以花精為工作的女士，感受指導靈的能量並聽見他的名字是「瑪雅」（Maya）。當她去查這個名字時，她發現它的意義是「花叢」。有位男士從他開始通靈的那個夜晚便一直夢見月亮。他的指導靈給他的名字是「瑪格利特」（Margaret）。當他查訪這個名字，發現它源自希臘文的「珍珠」，並且是從波斯文的「月亮」翻譯過去的。把玩接收到的名字，讓它自然開展。

如果你感覺自己準備好要學習通靈，請繼續看第六章。如果你想先閱讀我們和別人的通靈經驗，可以看第十章。

第2部

開放通靈

第六章

達到出神狀態

練習指引

珊娜雅和杜安：

如果你想要連結高層次的指導靈並學習通靈，以下的練習和過程可以幫助你。它們的內容是根據歐林和達本教導我們的開放通靈課程，有數百個人已經藉由這些過程有效地開啟通靈的管道。歐林和達本為了這本書特別加進額外的資訊，讓人們能藉由閱讀來學習通靈，而不需要我們的直接協助或透過上課的過程。只要你要求，歐林和達本將會幫助你開放通靈，提供你指引和能量上的協助，而你的指導靈也會幫助你。

你最好循序漸進地運用這些練習和過程。依照你自己的速度練習，從你已經會的技巧開始。我們把它們放在一起的用意是——你可以從頭練習到底，如果你準備好了，一個下午的時間就能完成它。當然你也可以用幾個星期的時間來完成它們。在你開放通靈的過程中，請對自己保持愛心與耐心，用遊戲的心情投入努力。請記住，你是個獨特的人，你會有自己專屬的體驗。

就像學習任何新技能一般，探索新領域的預備和意圖很重要。人們通常對於能夠接近通靈的機會感到興奮，甚至緊張和焦慮。只有當你感覺自己對通靈準備好了的時候，再做那些練習和過程。如果你覺得自己還沒有準備好，可以跳過這部分而直接進入第三部分的第十章，讀讀我們和其他人的通靈經驗。如果你渴望通靈，那麼時機就會到臨，可能比你預期的更快。

你可以為通靈作準備，你也許已經為預備通靈做了許多工作。為了開始通靈，你必須能夠達到和保持放鬆，並且做到至少在這放鬆狀態中聚焦和專注五分鐘。你也許在冥想或做自我催眠時，便已達到這個要求。

如果你對放鬆和專注很有自信，你可以快速完成前兩個練習，直接進入第三個練習——對準生命能量。記住，放鬆和專注是通靈的主要條件，因此在你培養通靈能力時，你可以直接對這兩種能力工作，而讓你的通靈輕易地變得愈來愈清晰。

如果你不能輕鬆地達到放鬆而專注的出神狀態，那麼前兩個練習可以幫助你。花幾天時間去熟悉放鬆的技巧，並學習保持專注，如同練習二中的專注狀態。另一種能引導你進入出神狀態的方法是——聆聽冥想的引導。你可以先錄下這些練習步驟來引導自己出神，你可以自己錄製冥想，或用別人的錄音。這些練習或過程的步驟被清楚地列舉出來，你可以用它們做為大綱，錄製引導自己進入出神狀態的冥想。歐林和達本有冥想錄音課程協助你所有的過程，你也可以參考使用。

有些時候最好不要做這些練習或學習通靈。當你在生病、處於短暫的憂傷或驚嚇中，或者正在經歷十分動盪的危機時，最好不要學習通靈。同樣的，如果你處於長期沮喪、精疲力竭或體能耗弱，那也不是通靈的好時機。最好在你充分休息、身心健康、思想正面時，與你的指導靈做首次的連結。在你與指導靈取得清晰的連結後，你將能用上這個連結幫助你離開負面的情緒狀態。如果你心中對於通靈還有未化解的恐懼、懷疑或問題，你可以等到徹底地檢視它們，並找到可接受的解答之後再通靈。

要在通靈上表現卓越，就像學習任何技能一樣，需要不斷的研習、決心、成功的企圖、衷心地喜愛和做那些有助於改善的事。畢竟，最偉大的老師是你成為卓越清晰的訊息管道的渴望。

接下來設計和安排的練習及過程，是學習通靈的一種方法。每一次當你練習，運用它們可能到達最高的狀態，如此你向上伸展和與高次元連結的能力將增加。你可以利用這些過程做第一次開放，或運用它們創造你自己的過程。一旦你學會通靈，愈來愈熟悉這些經驗，我們會鼓勵你放下在這裡學習的形式和過程，並發展你自己的風格。我們甚少或不用儀式就能輕易地進入出神。

有人問我們：「需要用白光環繞自己嗎？」你或許想用白色的光泡環繞自己作為開始。然而你並非是用白光來保護自己，而是用它來提高你的振動。我們只有在幫助別人時曾運用白色光泡的意象，因為它似乎能幫助人們放下憂慮，而停留在較高的狀態。當珊娜雅進入出神狀態成為歐林時，她經驗自己放手和臣服於更高的存有。她並沒有在歐林進入前用白光環繞自己，因為當歐林進來時，他就是光。

最好在任何通靈狀態中保持愉快。做你感覺喜悅的事。做做實驗！別把任何事情變成必須或應該。你愈習慣通靈的狀態，你愈能發現這些空間的微妙之處。你在通靈時能旅行的空間並無止盡，它們是通往無限成長新體驗的大門。

要練習放鬆的技巧，你可以利用「達到放鬆狀態」的練習；當你能夠放鬆之後，練習「保持聚焦與專注」。當你熟悉這兩者之後，就可以開始練習「對準生命能量」。

❖練習：達到放鬆狀態

目標

這個練習是進入出神的基本準備。我們希望你的通靈經驗是：放鬆、自在和愉快的。

準備

挑選一段十至十五分鐘不受干擾的時間。關掉電話。如果你和別人住在同一間屋子裡，讓他們知道你要單獨一陣子，並關上你的房門。然而令人驚訝的是，一種寧靜和沉思的狀態，有多麼容易吸引小孩和人們突然想要和你說話。為自己創造一個喜悅和輕鬆的環境；穿著寬鬆的衣物，最重要的是你感覺很舒服。挑一段你很清醒的時間。如果你剛剛吃飽或感覺疲倦，你可以稍等一下。放一些放鬆、溫和和平靜的音樂。

步驟

1. 找一個舒服的坐姿，坐椅子或地板都可以，讓你能輕鬆地維持十至十五分鐘的時間。

2. 閉上眼睛開始平靜而緩慢地呼吸，連續做二十個緩慢而有節奏的呼吸，把空氣吸到你的上胸腔。

3. 讓所有的想法離開，想像它們消失。每當有想法出現，想像它被寫在黑板上，被你毫不費力地擦掉。或者想像每一個想法都被你用氣泡包起來，飄昇而去。

4. 放鬆你的身體。感覺你沉靜下來，愈來愈感覺寧靜、平靜和安靜。用你的想像力觀察你的全身，放鬆身體的每一個部分。在心裡觀想你放鬆你的腳、腿、大腿、胃、胸部、手臂、手掌、肩膀、脖子、頭部和臉部。微微鬆開下巴，放鬆眼睛周圍的肌肉。

5. 用白色的光泡環繞你自己。想像它的大小、形狀、亮度。改變它的大小，直到你感覺適中。

6. 感覺你非常平靜放鬆，當你準備回來，把注意力慢慢地帶回這個房間。品嚐和享受你的平靜與平和。

評量

如果你感覺自己比平常更平靜與放鬆，不是你想像別人感覺你如何，而是你自己的感覺，那麼你便可以進入下一個練習：保持聚焦和專注。

如果你並不感覺比平常平靜和放鬆，你或許可以停下來，再另外找個時間做這個練習；或是回頭重複這些步驟，花更多的時間放鬆每個身體部位。嘗試發明你自己的過程或想法，帶你進入更放鬆和平靜的狀態。如果你沒有成功地放鬆，通常持續一到兩週每天二十分鐘的練習，可以讓你適應更深的放鬆和內在的寂定。這個狀態並非絕對必要，然而它能幫助你熟悉通靈的最佳心智狀態。

聚焦──通靈空間的基本要素

歐林和達本：

通靈的一個重要的面向是：有能力保持聚焦，如此你能同時接收和送出能量。如果你在療癒個案，你會想成為一個管道，一邊接收更高的能量，一邊執行必要的治療。如果你是在對指導靈做口語通靈，你會想在說話時同時接收資訊。對某些人而言，通靈的挑戰就在於接收容易但要同時說話很難。然而，身心同時使用的狀態是可以學習的。

當人們坐下來冥想或放鬆時，他們心裡的事可能會一一浮現。有位女士說，她只要一坐下來準備通靈，就會立刻想到她必須做的事。想起那些她忘了打的電話、需要回的信和該做的家事。於是她決定在手邊放一組紙筆，去寫下那些進來的想法。只要她知道它們被記錄下來了，就能放鬆並進入更深的出神狀態。她說，如果她不把它們寫下來，就會擔心忘記的可能性而很難再進入更深的狀態，最後必須停下來。這麼做可以解決她的問題。如果你有相同的困擾，不妨試試是否有用。

花時間習慣擴展的意識狀態是很重要的。學習平息你的一般思想流動，一次專注於一個想法。如果你發現自己很難保持聚焦，也別擔心，因為當你繼續，會愈來愈容易。你專心一意向上對準的能力，讓你能和指導靈保持清晰的連結。

❖練習：保持聚焦與專注

目標

頭腦本來就是快速而活躍的。然而為了通靈，你的頭腦需要發展一定程度的技巧，來引導這種心智的速度和活動專注於指導靈送給你的資訊流。

準備

要有能力放鬆身體和情緒，如果你喜歡，可以聽聽那些讓你感到舒緩和平靜的音樂。如果你想要，可以在身邊準備紙和筆。

步驟

1. 當你感覺放鬆，選一個你想帶進生活的正面特質，例如愛、慈悲、喜悅或和平等等。

2. 當你想著那個特質，想像你有多少方法可以在生活中體驗它。那樣的感覺會如何改變你的生活？如果你擁有更多那種特質，你會做什麼不同的事？擁有它會如何改變你的人際關係？

3. 清楚地在心中維持那些畫面或想法，愈久愈好，至少五分鐘。

4. 觀察那些與主題無關的想法出現，如果它們很重要，你需要記住它們，那就寫下來，好讓它們從你的腦海中離開。

找其他時間重複這個練習，選一樣東西，例如一朵花、一塊水晶或任何你想要的東西，保持專注。這一次觀察這樣物品——注意它的顏色、大小和細節。至少維持五分鐘，不要有任何雜念。

你也可以想像一位偉大的存有，一位大師，坐在你面前。想像你注視這位大師的眼睛並對準他的振動。看看你是否能維持這個意象與連結至少五分鐘。

評量

注意你能保持聚焦的時間有多長，五分鐘是一個很好的開始。如果你無法維持這種聚焦至少五分鐘，你可以從每一天一分鐘開始，練習一週，直到你至少能保持專注五分鐘為止。如果你能維持聚焦五分鐘或更久，你就可以繼續下一個練習「對準生命能量」。

❖練習：對準生命能量

目標

當你通靈時，你必須在一種直觀的感覺層次上覺察指導靈的臨在。感知生命能量的精微振動，會開始打開你的知覺。

準備

要有能力放鬆，並且已經做到輕鬆自如地維持至少五分鐘的聚精會神，進入「保持聚焦與專注」練習的情況。用「達到放鬆狀態」練習為自己作準備，包括利用適當的音樂。騰出一個不受打擾的時間和空間，把水晶和花放在身邊垂手可得的地方（你需要兩塊水晶，最好是天然的白水晶和紫水晶，一種一塊，以及兩種你能觸碰的花卉或植物）。

步驟

1. 找一個舒服的姿勢，放鬆身體，平靜思緒，至少用兩到三分鐘的時間放鬆。想像你召喚你散落宇宙的所有能量，想像你放掉一切不是你的能量，將它們向上送出。

2. 右手握住一塊水晶，歡迎它，感覺它完美的能量圖案。想像每一塊水晶都有一種特別型態的能量，它能為你放大某種好處。真實地感受水晶內的能量，在心中詢問它的目的，看看你是否能用言語描述你的感受。專心感受這塊水晶至少兩到三分鐘。

3. 放下這塊水晶，拿起另一塊，對它做同樣的事，看看你對兩塊水晶的感受有何不同。也許你感覺這些能量是出於你的想像。這就是它應有的樣子。注意你確實能夠在精微的層次上感受能量。

4. 把水晶放在一邊，拿起其中一朵花或一樣植物，問候它並認識它。注意你對它的生命力、它的能量有什麼感受。用兩到三分鐘的時間感受和問候它。

5. 放下它，拿起另一朵花或植物，招呼它並認識它。注意你如何能感受它的生命活力和能量。注意你對兩種花或植物的感受有無不同。

6. 完全離開出神的狀態，伸展你的身體，張開眼睛。

7. 當你回想你的觀察，讓你心中充滿自信，你能輕易感知其他生命型態的精細能量。對於水晶和植物的生命能量，盡你所能地回憶它們的特質和差異。

評量

如果你能覺察這些精細的振動，即使很輕微或感覺你是在想像，都可以，請繼續下一個「出神姿勢和位置」的練習。如果你沒有任何感受，另外再找時間重複這個練習，直到你有所感受為止。

❖練習：出神的姿勢和位置

目標

找到一種最能支持你出神的姿勢和位置，讓你能到達並融入更高的靈性層次。

準備

完成前一個「對準生命能量」的練習，具備基本的放鬆和聚焦能力。穿著寬鬆衣物，在地板或椅子上舒服地坐著。坐直，感覺你的脊椎一節一節地疊起，一個讓你能維持二十分鐘左右的坐姿。如果你選擇坐地板，用一個枕頭支持你的臀部。讓你的身體獲得某種程度的舒適，不見得是完全沒有疼痛或不適，只是它們不會讓你分心。環境不要太冷或太熱，放一首能讓你感覺靈性提升的音樂。

步驟

1. 閉上眼睛開始放鬆你的身體、安定你的情緒、平息你的心。花兩到三分鐘的時間放鬆和安靜你的想法。召喚你散落宇宙四處的能量。

2. 想像你向上旅行，進入那個光與愛的更高次元。調整你的能量讓你開始能感覺你在一個更高的靈性空間，用一些畫面幫助你挑起對這些空間的特殊感受。也許想像你觀照夜晚滿天的星斗，或是憶起你進入教堂或廟宇時的神聖感受。用一段連結把你帶進更高的空間，感覺與你內在的神合一。

3. 與這種情境流動，你也許想調整姿勢。試試輕輕轉動你的臉、脖子和肩膀，看看什麼姿勢會讓你感覺更擴展，並能以更高的方式思考。深吸一口氣進入你的上胸腔。注意你的姿勢有什麼改變，也許你的頭輕移了位置。讓你的頭感覺像是飄浮起來似的，能輕微地向前後左右擺動。試試不同的角度。讓你的想法慢下來，放鬆你的胃。留意微小的姿勢變化如何造成感受的大量改變。

4. 體驗你的內在感受，用你的所有感官去聆聽。注意你的腦內對話和忙碌已經消失無蹤。注意你也對你的周圍、對房間、對聲音、對氣味和能量更有知覺。讓這種知覺把你帶向更高。

5.注意你的呼吸，讓你的雙手和手腕放鬆。當你開始向更高的能量打開管道，你可能會感覺發癢或發熱。讓自己向超越地球的更高世界開放。想像你的右腦——你用來接收的心智——中的所有細胞，就像鏡子一般完美地映照更高的實相空間。想像更高的能量，以完美的精確和清晰，從你的右腦流進左腦——你的意識心智。觀察你的心，感覺它像是清澈的高山湖水一般能反映更高的實相。花些時間吸收這種更高的振動頻率。

6.把你的心思意念帶到盡可能高的地方。你也許會感受到比平常更大的愛和慈悲。讓你自己歸於核心，感覺平衡、愛與開放。實驗性地進出這個空間，注意你的身體如何隨之變化。注意你如何用你的思想，直接和立即地影響這種感覺。

7.當你稍微在這個空間探索了一些可能性後，請你回到這個房間來，保持完全的臨在與警覺。

練習在不同環境和場所進入通靈的空間。學習認出那些一天之中，你自動進入通靈空間的時刻：當你專注於找尋答案；傾注你對某人的愛，為他們提供意見；在你進行繪畫、著色、教學等活動時。別讓特定姿勢或環境變成一種儀式或條件。學習在各種環境建立良好的連結與通靈的狀態。

評量

如果你在練習中能感覺比平常更大的愛和慈悲或感覺擴展，請你前進至第七章「連結指導靈」。如果你感覺很困難，你或許把它想得太複雜了。放輕鬆，放掉你對於應該是什麼感覺的想法，用你自己的速度再練習一次。

第七章
連結指導靈

問候和歡迎

歐林和達本：

是時候了，開放通靈的時刻就是現在。你一直在夢想它、閱讀相關的內容、思考它。現在你要進行它。

在最初的過程中，你將接受指導靈的歡迎，呼請你專屬的指導靈，和他進行一場內在對話。你能決定你是否想要這位指導靈透過你說話，如果是，你會進入下一個過程——口述通靈。

如果你看這本書到現在已經過了一段時間，我們建議你重讀第三、四章，以及第五章關於你的指導靈是誰、通靈感覺起來如何、以及指導靈如何與你溝通。

只有在你感覺準備妥當、健康良好、情緒正面，並且對於認出高層次的指導靈已經沒有什麼疑惑時，再進行接下來的過程。別忘了，你並非單獨付出努力，事實上，通靈比你想像的容易的理由之一，是因為你將獲得指導靈的協助。

❖程序：進入指導靈的世界並進行首次會面的歡迎典禮

目標

歡迎你進入指導靈的世界，讓你對你將要通靈的指導靈獲得有意識的印象。

準備

在進入這個過程之前，需要完成第六章「對準生命能量」和「出神的姿勢和位置」兩個練習。放一曲舒緩放鬆的美麗音樂，讓你感覺崇高寧靜，將你向上提升。你可以使用前面讓你感覺擴展的音樂，像是在前一個練習「出神的姿勢和位置」中使用的音樂。

步驟

1. 進入出神的姿勢，確定你能舒服地保持背部挺直。再一次檢視你的身體位置，從你的雙腳開始。注意你的手擺放的位置，以及你的背和你的腿怎麼放。覺察你的呼吸。閉上眼睛，做幾次深呼吸，進入你之前練習過的出神狀態。

2.想像你進入愈來愈高的世界，超越了日常實相，而進入由光、愛和喜悅組成的更高次元。想像你浸潤在光中，感覺你四周充滿美麗、柔軟的銀白光輝。

3.想像許多光之靈向你靠近，加入了你，感覺他們對你的愛與關懷，開放你的心去接收。想像你們之間的實相門戶大開，感覺你周圍充滿許多愛之靈與高靈，他們正在歡迎你進入更高的世界，一個只有喜悅和無條件的愛的地方。想像他們為你打開了一扇門。

4.明白你做這個連結並非偶然。看看那些引領你到這個片刻、這個會面機緣，背後的整體事件，那些在你的生活中出現的書籍和你發生的改變。你的指導靈和這些高靈們認出了你，並給你一個特別的歡迎禮，因為你現在與他們愈來愈靠近。

5.想像在你眼前有一道門，門的另一邊是光的世界，由更高的振動組成，並且有加速的成長等著你。進入內在，進入你的心，問你自己是否準備好為你的服務道路許下更大的承諾。

當你準備好，穿過這道門（如果你還沒準備好，幾週之後準備好了再穿過它也無妨）。感覺傾注而下的光療癒和淨化你。接受這個新層次的光進入你的生活。請明白這是一道非常真實的門，當你通過之後，你的生活將開始改變。

6.有一個關於人類進化的計畫，由許多高靈們所傳播。安靜地坐下，想像你在對準這道傳播。假裝你的能量正在與這個計畫連結，如此一來，當你的道途從此刻展開，每一件你做的事都會合乎這個更宏偉的計畫。無論你選擇用來追求成長的方式是什麼，你都是光的管道。

7.在你進入愈來愈高的空間時，繼續調整你的姿勢。要求與你連結的最高指導靈和導師出現。想像你的指導靈，一位特別的指導靈，向你走來。覺察他，感覺他對你的愛，開放去接受他。感覺你的心歡迎這位指導靈，感覺這個回應。相信它是真實的！你的想像力是最接近通靈的能力，也是你的指導靈和你之間最容易產生連結的方式。

8.你的指導靈看起來或感覺起來如何？讓你的印象流動，不要過濾或批判你收到的知覺、畫面、印象或資訊。讓你熟悉指導靈給你的這種更高的感覺。

9.在心中問候指導靈，問他是否來自光界。確認你要求的是可能的最高指導靈，他與你的更高益處與靈性成長的連結一致。用意念與這位指導靈對話，直到你完全放心讓他更接近你。如果你對這位指導靈感覺不好，請問他是否有任何有價值的事情要教導你，然後請他離開。再一次要求一位高層次的療癒大師作你的老師（如果關於這個部分你有問題，請參閱第四章）。當你對指導靈感覺很好，便可以進行下一個步驟。

10. 要求你的指導靈做他能做的所有的事，為你打開通靈的管道，現在你已承諾並預備進行口述通靈了。要求你的指導靈用意念送給你一個訊息，是否還有什麼需要為口述通靈作準備的工作。

11. 如果你收到任何資訊，謝謝這些提供幫助的光之靈，也感受他們對你的欣賞。感謝你的指導靈，要求他幫助你為口述通靈作準備。向他告別，然後緩慢而輕鬆地回到你的實相來。你已經完成與指導靈的連結，你將開始口述通靈。

評量

如果你能通過那扇門，並且能用意念感知並與你的指導靈相會，請進行下一個過程「口述通靈」。

如果你能走進那扇門，但不能感知或與你的指導靈用意念交談，那麼另外找時間重複這個過程。不要進行以下的過程，直到你已經能用意念與你的指導靈相會和交談。

如果你還沒有準備好進入那扇門，也不要進行以下的過程。通過那扇門，並願意對自己許下更大的承諾是重要的一步。在進行之前，你可以閱讀第十至十三章關於珊娜雅、杜安以及其他人的經驗。當你決定進入那道門，請回來重複這段過程，直到你與指導靈建立良好的意念連結。

珊娜雅：

當歐林第一次提供我走進那扇門的機會時，我花了三個星期去說：「好」。在承諾前我不斷地思考。而就在我以意念的方式通過那扇門之後的幾天內，我的人生開始有了劇烈的變化，服務和助人的機會蜂湧而至。杜安的經驗幾乎是同樣的，他也花很長的時間反覆思考這個承諾，而他也是在幾天之內便經歷了戲劇化的改變。

❖程序：口述通靈

目標

這個過程是讓指導靈透過你的聲音說話，知道指導靈的名字，以及在出神中回答問題。

準備

完成前面的練習和過程。在你開始之前，請先讀完以下的完整過程，如此你會熟悉它的整個方向。不論你在什麼時候做口述通靈，都把它錄下來。你會在重聽你的通靈錄音時獲得寶貴無比的洞見。注意錄音設備的麥克風位置，不要讓它偏離或被遮蓋了，用分離的麥克風也很好。準備你的錄音器材，測試錄音，讓你的聲音能和設備有良好的配合，它們是你傳達的工具，協助記錄你的通靈資訊並保留到未來使用。監看你的錄音過程，在接收通靈時，要檢查它是否正常運作。當你在出神狀態，你可能會發現這些機械設備的操作很困難。要記得打開錄音設備，並按下錄音鍵。

確定你讀過前面那些關於指導靈第一次進入和請教指導靈名字的章節。把你想問的問題準備好，包括你的個人問題。你可以先錄下你的問題，在你通靈時，用另一台設備播放它。如果你有朋友陪著你，你可以請他們幫你發問。確定他們讀過「協助同伴首次通靈」的指引內容。

我們建議你，在首次通靈時不要出神超過四十分鐘。更長的時間並沒有什麼危險，但可能很累人。如果你感覺連結變弱或感到疲憊，請你完全離開出神狀態。你已經成功達成首次的連結，以後還有很多機會。再進入下一次出神前，至少休息一個小時。

步驟

1. 如果你想要，放一些能幫助你放鬆的特別音樂。找一個挺直而舒服的姿勢坐下來，閉上眼睛，維持你的通靈姿勢並進入出神狀態。緩慢地做幾次深呼吸，把氣體吸入你的上胸腔。想像一道金色的光進入你的腦後和頸後的上方，啟動連結。如果你想要，也可以用白色的光泡把自己包圍起來。

2. 現在，想像能量和光流進你的喉嚨和聲帶，把這些地方對你的指導靈高層次的光能開放。有一個打開這些地方的方式是——在吐氣時發出om的聲音。你可以讓自己更進一步的放鬆，並花幾分鐘發這個聲音。讓om的聲音振動和提升你。

3.相信你能很輕易地達成連結。調整你的能量，讓你感覺自己連結上光與愛的更高世界。想像你再一次向上旅行，擴展你的存在，而你的指導靈則再一次地為你創造了一扇讓你通過的大門。

4.呼請先前與你相見的那位指導靈，問候他，用意念與他交談。確定這位指導靈讓你感覺很崇高，有愛心和睿智。當你感覺信心充分和準備好了，就可以進一步讓你的指導靈進入你的氣場和能量場。

5.現在，想像你邀請指導靈更完全地進入你的能量系統。想像指導靈溫柔地穿透你的氣場，柔軟而慈愛地接近你。你更強烈地感覺他的存在。你繼續讓這個結合更緊密，要求你的指導靈協助你。你也許想要做一個最微小的姿勢調整——你的頭部和頸部的位置，去強化這個連結，並保持腦後頸後的能量開放。想像你的指導靈正在加入你，你就坐在指導靈的光中，然而你也知道，你個人的能量並沒有被打擾。想像你對自我的感覺強烈，你感覺自己很完整。

6.現在，讓你的指導靈完全進入你的氣場。指導靈的振動非常光明、摯愛與睿智，你感覺一種愛的臨在籠罩你，彷彿他放大了你內在最好的部分。你感覺如此安好。只有在你感覺指導靈的層次很高，並確認他來自光界時，再繼續你的開放。如果你有任何沉重、抗拒和負面的感受，不要繼續帶入這位指導靈。要求一位更高的指導靈，並命令這位指導靈離開。

7.注意你的情緒。通常在我們加入你時，你會感覺慈悲，因為我們是愛的存有，你或許會感到和平與寧靜。我們明白，要加強這個連結需要你的練習和時間。你可以呼請我們的能量——歐林和達本，來協助你開放。我們讚賞你今天的意願，做這個初次的連結。

8.現在想像這個連結變得更堅固。如果你的頭腦說：「我懷疑這只是我。」或者問：「我真的有連結指導靈嗎？」讓這些想法離開。此刻，相信你真的連結了一位高層次的指導靈，即使你無法感受或證明它為真。

9.按下錄音鍵，問指導靈的名字或發音，你可以藉此認識他。給自己充分的時間。如果你沒有收到完整的名字，要求第一個字母或發音。確定你錄下這個名字。你也許會發現，在未來的數週裡，你的指導靈不斷地更換名字。有些人發現不只一位指導靈出現，他們可能會收到好幾個名字。如果你得到了名字，就進行下一個步驟。如果剛開始你沒有收到名字——或從來都沒有，也無妨，因為並非所有的指導靈都選擇有名字。如果你等了一會兒都沒有收到名字，你就直接進行下一個步驟。

10.從問指導靈問題開始通靈。「初次通靈詢問指導靈的問題」題庫裡，有許多可供挑選的問題。如果你對接收關於宇宙本質的問題的答案有困難，你也可以問一些私人的問題。若你收不到特定的答案，看看你是否收到畫面或象徵，你可以把它們說出來。如果你沒有收到問題的答案或也沒有任何意象，要求你的指導靈進一步開啟和強化你們的連結。然後，為了讓你的口述連結開始，請大聲地描述你的任何身體感受或感覺。錄下你的答案。如果你發現你很難以指導靈的口吻直接說話，你可以用第三人稱的方式來說，例如：「我的指導靈說……」如果你有任何不舒服，要求你的指導靈為你打開那些痛苦的地方。

11.當你和指導靈建立回答問題的能力之後，在你感覺舒服的情況下，你可以繼續問問題。當你或你的指導靈結束問答時，在你關閉通靈管道前，安靜地坐幾分鐘，享受指導靈的能量。不必說話，找到這個狀態帶給你的和諧。

12.當你準備好了，要求你的指導靈加強你們之間的連結，讓你在下一次通靈時更容易。

13.當你結束，謝謝你的指導靈，也感受他對你的感謝。完全離開出神狀態。伸展你的身體，動動四肢，睜開你的眼睛，把你自己帶回完全清醒的意識狀態。

評量

恭喜你開放通靈成功。你開始了一段非常特別的關係，喜悅和探索的旅程正在前方歡迎著你。請你閱讀並參加「畢業典禮」，它在本章的最末。

如果你還沒有找到你的指導靈，重複這個練習直到你達成為止。通常培養能力提升自己到對的振動需要專注、耐心和堅持。繼續要求指導靈幫助你建立連結，給自己獨處的安靜時間讓指導靈可以接觸你。如果第一次自己嘗試這個過程，下一次可以安排一位朋友幫忙你問問題，並成為指導靈回答時的聽眾。閱讀「協助同伴首次通靈」的指引內容。

如果你在幾番嘗試之後仍未建立連結，你也許想用其他方式進行，例如呼請指導靈，讓想法流動從你的頭腦進入你的手，然後用電腦、打字機或紙筆來表達。偶爾有人會覺得，用這種方式達成第一次通靈的連結比較容易。

如果你在離開出神狀態後仍感覺空靈，表示你並沒有完全解除連結。指引自己完全離開出神狀態，也許再伸展一下身體，動動四肢。如果你還是感覺空靈，出去走走或在室內走動。做一些左腦活動、分析性質的思考。

我們引導你閉著眼睛通靈，因為排除視覺刺激比較容易聚焦和接收內在訊息。大部分的人喜歡繼續閉上眼睛通靈，然而，睜開眼睛的通靈也是可能的，完全可以接受。

初次通靈詢問指導靈的問題

珊娜雅和杜安：

如果你不是和朋友一起進行這個過程，你也許想要先錄下這些問題，用另一台設備播放出來提問，在問題之間預留較長的時間作為回答用。當你連結你的指導靈，要記得按下錄音鍵，然後在出神狀態中回答問題。如果你有朋友可以協助，讓他幫你對指導靈提問。如果指導靈的回答很簡短，要求他解釋那個答案。提問題的目的是，要讓你建立和穩定你與指導靈的口述連結。

有些人發現在初次通靈時，接收關於宇宙本質問題的答案比較容易；有些人則並非如此。如果你對於接收宇宙本質的答案感到有困難，你可以問那些與個人相關的問題，它們就在「宇宙本質」的題庫之後。如果你沒有收到特定的回答，但是用內在眼睛看見符號或畫面，你就說出那些畫面。

❖題庫：宇宙本質的問題

1. 真正喜悅地生活有可能嗎？什麼是真正的喜悅？人們能分辨什麼是真正的喜悅和喜悅的幻象嗎？大我的喜悅和人格的喜悅有什麼不同？有可能兼得這兩種喜悅嗎？

2. 大我和人們一般知道的我有什麼不同？人們如何接觸他們的大我？每個人的大我都一樣嗎？大我的感覺是什麼？

3. 意志的功能是什麼？能不費力的使用意志嗎？如何以其他方式行使意志來達成目的？你的意志如何服務你？一個人要做什麼才能創造想要的一切（過程、技巧……等等）？

4. 人們如何為自己的生活帶進更多的光？

5. 每個人都有人生目的嗎？人們選擇出生的原因是什麼？人們在地球的一生一世是為了完成什麼樣的事情？

6. 這個宇宙真的是豐盛而友善的嗎？

7. 人們有可能被別人的想法和情緒影響嗎？人們如何分辨自己是否受到影響？又該

怎麼辦？

8.每一段關係都有目的嗎？你在別人身上看見的，都是你正在處理自己的部分嗎？改變自己真的可以改變關係嗎？

9.未來是注定的嗎？自由意志存在嗎？擁有自由意志的好處是什麼？人們如何創造自己想要的未來？

10.地球有自己的意識或生命力嗎？它的本質是什麼？地球現在要什麼？她正在發出任何訊息嗎？

11.個人對於世界和平可以有什麼貢獻？個人對自然保育可以有什麼貢獻？

12.學習通靈的目的是什麼？它對我和人類有什麼好處？

❖題庫：有關個人的問題

有些人發現，這些問題比宇宙本質的問題更容引發答案。請教你的指導靈一些這種問題。如果你沒有得到任何回應，也不是和一位朋友一起進行這個過程，錄下你感覺到什麼，包括想法和身體感受等等……開始講話很重要，即使在你剛嘗試的期間，那感覺像是你而非你的指導靈。當你和指導靈建立了口語的連結，再回到宇宙本質的問題去。

一般問題

1. 我的人生目的是什麼？
2. 我此生的課題是什麼？
3. 我如何能在我的生命中創造更大的豐盛？
4. 我和＿＿＿＿＿＿的關係要讓我學習什麼？
5. 我現在的最高道途是什麼？
6. 什麼是我發揮創意的最好方法？

7. 我如何達到內在平靜？我的內在平靜感覺像什麼？

任何你希望獲得答案的問題

1.

2.

3.

4.

5.

協助同伴首次通靈的指導

如果你在幫助某個人開放通靈，請仔細閱讀這些指引。對你和對那個想要通靈的人而言，這都是一段特別的時間。作為夥伴，在這位想要通靈的朋友對他的指導靈第一次開放時，你可能為他提供莫大的幫助。你可以在他第一次進入出神狀態與指導靈連結的時候，為他提示這個過程並幫助他。你可以幫他檢查錄音設備的狀況，準備錄下指導靈對問題的答案。

要幫忙你的夥伴進入出神，你可以遵循「口述通靈」步驟一到八的指引。當他到達出神狀態並帶進他的指導靈時，按下錄音與請教指導靈的名字。如果你收到名字，請教拼法，並把它寫下來。如果你沒有收到名字，問你的夥伴是否有字母或是發音。如果還是沒有得到回應，請問指導靈是否已經準備好要回答問題。這個時候如果你直接和指導靈對談，會提供很大的幫助。如果指導靈給你名字，用指導靈的名字稱呼他。如果指導靈同意，先問宇宙本質的問題。如果你的朋友對於這類的答案有接收的困難，就提問與個人相關的問題。如果你的朋友仍然沒有辦法建立聲音的連結，你可以慢慢地問他一些關於身體感受的事情。讓他開始在出神狀態下說話，是你此刻最重要的工作。

這些問題的目的，是讓訊息管道打開喉輪並開始講話。如果沒有立即的答案，也別擔心。記得，有些人在回答前會遲疑很久，請給與訊息管道充裕的時間。沉默通常表示他在接收他的指導靈，所以給他足夠的時間找答案。如果訊息管道回答的內容非常簡短而快速，鼓勵他多說一些細節。你可以用他回答的內容發問，或是表示你對資訊的興趣。

如果訊息管道已經建立了口語的連結，但仍有接收回答的困難，提問一個他不認識而你卻知之甚詳的人的問題，讓你稍後能對他的答案提供有意義的回饋。給指導靈你那位朋友的名字，提出像這樣的問題：「我該怎麼幫助他？」或「我和他的關係要學習的課題是什麼？」別要求預測結果或包含細節的答案，例如時間和日期。

你的同伴在通靈狀態最好不要超過二十到四十分鐘。當他離開出神狀態，你的正面回應和熱忱將能幫助他穩固這個連結。如果你的同伴和他的指導靈並沒有建立口語的連結，保持支持，另外找時間再做一次。

❖題庫：協助同伴提問身體知覺的問題

只有在你的同伴無法針對「詢問指導靈的問題」帶出口述的答案時，再問這些問題。只要你的同伴開始能自如地說話，就回到宇宙本質的問題去提問。

1. 你有什麼身體知覺嗎？你的身體感覺如何？
2. 你的情緒如何？
3. 你看見或聽到什麼嗎？
4. 盡可能仔細地描述你現在經驗的一切。

如果這位訊息管道無法感受任何事，或回答問題有困難，問指導靈是否可以強化這個連結。如果你的同伴表示有地方卡住了，要求指導靈告訴他該怎麼做。你的正面而協助的態度，對於幫助指導靈穿越你的同伴是極為重要的。你的鼓勵、興趣、耐心和愛，是你能提供的最重要的品質。

畢業典禮——恭喜開放通靈

歐林和達本：

每當一個指導靈被有意識的接受，我們的世界會湧現許多喜悅。我們對這樣的開啟感到無比興奮，我們慶祝我們可以帶著我們的光抵達地球。不僅是你的指導靈對於這個有意識的連結欣喜不已，我們也為你能與我們溝通而感到歡喜。我們滿懷著愛為你慶賀，你擴展的意識出現在我們的國度就像是一個新生命的誕生。這是你進入光的新生。

我們慶賀你與我們建立的連結

你現在已經開放了通靈的訊息管道，如果你想要，很多美好的改變會在你的生活中發生。你的欲望會比以前實現得快速許多。當你的靈性進化，精確地知道你想要什麼便愈來愈重要。想著它們時要小心，因為你會收到它們。如果現在你想要的都有

了，接下來你會渴望什麼？這個問題會出現，因為你的許多目標會來到你身邊。

運用正面的想法和語言，留意你說話的方式，你將與宇宙心智更加緊密連結，你會接近高次元的創意、本質和光。你的語言和思想將發揮更大的影響力。你所說的話和你的想法將擁有更大的傷害力或療癒力。正面地敘述你的需要和欲望，聚焦於你想要的事物而非你不要的，因為你會得到你的焦點所在的一切。說提振人心的話語，並把注意力放在人們的美好和正確的部分，而非他們做錯了什麼。

歡迎來到光的世界

生活不需要辛苦。你不再需要痛苦掙扎。我們可以幫助你幫忙自己。記得要求，因為只有當你要求，我們才能提供協助。我們可以協助你的每一個生活領域。你的指導靈會幫助你取得讓你的生活成功所需要的一切工具。當你通靈了，你就是更大社群的一份子，一個存在於更高實相的社群。你的和諧感受與想法將大大地有助於我們合作的工作。當你煩憂，我們會有同感。我們將和你一起工作，幫助你平息生活中的波濤，幫助你活在更大的自在與和平之中。

生活可以很輕鬆——事情可以喜悅地發生

你有意願去保持開放、去接受、去信任自己、以新方式體驗世界，並利用這個機會成長便已足夠。還有許多事在前方等著你，因為開放通靈是一個新世界的開始。當你準備好了，人們會前來要你協助他們成長。你的正直和負責是其中最重要的部分。好好地把自己展現給世界。保持謙虛，認出人們內在的光，說人們的好處。你是新時代的領導者、老師和治療師。因為你帶進更多的光，你將具備吸引群眾的能力。

你帶著這種開放走進那道門，你將更輕易地為世界帶來改變。你的選擇會變得更清楚，你將開始看見你眼前可能的未來，並能有意識地選擇你要踏上的道路。要願意把你的道途看得比其他任何事更重要，對自己許下更大的承諾。放下你對別人的道途的責任，除非他們是你的道途的一部分。

你將和進化的力量一起工作，順著進化之流潛泳而非逆流。許下承諾讓你的生活過得很好。允許更大的美好在你的生活中實現。你可以在今生一躍進入更高的意識。現在要比以往更有可能在一次生命中成就更高的意識。我們的世界有很多的喜悅和歡樂，所以別對自己太嚴肅。和宇宙一起遊戲，讓宇宙陪你玩耍。帶進你的指導靈只是這個美妙旅程的開頭，這個旅程將充滿探索的神祕、學習的喜悅和活在光中的一切安好。

珊娜雅和杜安：

我們建議你暫停一下，給自己一點時間去整合你的體驗。在你休息之後，你也許會想閱讀第八章的「通靈解讀」，或閱讀第十至十三章的杜安和珊娜雅的通靈經驗，以及其他人的開放經驗。如果你想閱讀更多關於開展通靈能力的資訊，直接閱讀第十四章。

第八章 通靈解讀

為人們做通靈解讀

歐林和達本：

在你通靈的道路上，會出現很多為別人通靈的機會，那是讓別人與你的指導靈相遇的特殊機緣。你最享受的會是為渴望、接納和支持你並因此受益的人做的通靈。要挑人。你不需要對每個要求你的人服務，你和指導靈的連結是件珍貴的禮物，只提供給真心珍惜你和你的指導靈的能量與時間的人。為那些有回應和支持你的人通靈，會讓你精神百倍，而為那些只想滿足好奇心或不懷敬意的人通靈，只會消耗你的能量，並增加你對這個工作價值的疑慮。你不需要為那些只想測試你是不是真的在通靈的人解讀。有很多人能向你的指導靈學習並獲益，我們建議你只為那些人通靈。

通常你教得最好的是你剛學會的事物

放掉任何你認為指導靈會如何回答人們問題的既定想法，他的建議可能是你以前從未想過的事，或是一些你剛好體驗過的事。宇宙教你功課的方式很有趣。有時候你剛學會某件事，來找你通靈的人就遇到你才解決過的問題。當你為別人帶進指導靈所給與的智慧建議，你也許會發現，你對自己生活中的事情也更清楚了。

通靈時，真理會看起來十分明顯

即使建議看起來對你而言顯而易見，也請把它說出來，因為這些明顯的事通常是當事人最需要聽的。當你帶進訊息的時候，有時對別人有意義的訊息，對你而言可能並不滋養或具有意義。訊息進入時，你並不需要了解所有的事，你的指導靈對於人們的生活有更大的畫面，他只會告訴人們適合他們知道的事。別擔心或期望答案應該如何。如果你找不到適當語彙轉譯那些崇高而充滿愛意的訊息，用你的常識說話，不要用轉譯的方式說那些訊息，因為在這些情況下，很有可能是你接收的訊息有所扭曲，而非真正的傳送。

請明白，任何問題都沒有絕對的答案。如果你問許多指導靈相同的問題，你可能會收到很多不同的答案，所有答案都可能是對的，每位指導靈會給你不同的觀點或方式來了解問題。解決問題可以有很多方法，看待任何情況也有很多方式。

你不需要為人們的生活順利負責，或解決他們全部的問題。當人們帶著問題來找你，記住，除非他們準備成長，否則無論你的指導靈說什麼，他們都不會成長。只有他們能改變自己的生活。從你的內在感覺和人們投入的過程去衡量你的通靈品質，不要只看他們回報的結果。有些人可能不採用你的指導靈的建議，而自然無法得到它真正的價值。你們全都渴望幫助別人，當人們帶著手足無措的問題來找你時，你會希望幫他們找到解決之道。但是有些人尚未準備好面對解答，所以你的指導靈可能只會簡單地引導他們到下一步，而不會給與他們完整的答案。

指導靈不會拿走人們的功課，而是幫助他們了解

不回答人們問的每個問題也無妨。如果有人問你問題，而你與指導靈連結時沒有

任何答案進來，就請直接告訴人們：你沒有收到任何訊息。即使你的指導靈有答案，他也可能想要提問者自己發現答案。指導靈有智慧不剝奪人們自我學習的機會。

指導靈不會侵犯他人隱私，對於別人的事，指導靈只會揭露對他們有益、能幫助他們成長的細節，而不會揭露任何侵犯別人心中的隱私。如果有人詢問你的指導靈——別人對他們的感覺或看法，你也許不會收到指導靈的答案。這與你接收訊息的能力無關，而是你的指導靈不適合揭露這種訊息。

有些人可能會比另一些人更容易得到諮商的訊息。如果人們只是出於好奇心，而不想使用指導靈的建議來成長，你可能會發現指導靈給的訊息變得很膚淺。指導靈會給那些尊重並運用他的建議的人深入的資訊。你也許注意到，指導靈會依照人們的程度與他們對話。如果人們剛剛踏上靈性成長的道路，你的指導靈可能會用很簡單的語彙為他們解釋基本的法則。如果他們已經很進化了，你可能發現指導靈會指導他們並且給他們相當複雜的建議。

處理人們的提問

歐林和達本：

你會發現，人們問的問題通常不如他們可以為之的那麼高。他們來找你，抱著你的指導靈會解決所有問題的想法，希望被告知要怎麼做，或知道某件事會不會發生。高層次的指導靈鼓勵獨立自主。他們希望人們採用他們的建議而變得更自足，而非毫無疑問地照章行事。那些希望得到「是」與「否」的問題，可能很難接收到答案。看看你是否可以改變或是重新組合那些問題。如果有人問你的指導靈：是否應該現在賣掉車子，還是要等待更好的價錢，你可以把問題改變成：「如果我現在賣車會有什麼好處？如果我等待一些時間又會有什麼好處？」稍微改變問題的問法，會讓指導靈帶出更高的回應。幫助人們提出好問題。

珊娜雅：

協助人們問出好問題的一個方法是列出清單，說明指導靈最有興趣回答的主題。歐林幫助我整理了一份明細表，說明人們可以從他的解讀得到什麼資訊。這些包括：找出隱藏的信念和兒時制約、關係中正經歷的課題和成長機會、可以發展的天賦才能和資質、通靈能力、影響今生的過去世、此生的目的、靈魂在地球轉世的所有旅程、成長的領域，以及和金錢與事業有關的模式、信念和決定。通常來解讀的人會說，他們沒有想過可以問這些問題，但是一旦他們知道可以問，他們會問。人們開始問歐林關於他們生命的深入和核心的問題，結果解讀往往創造了他們生命巨大的改變和轉化。

歐林要求人們準備好問題來問他，大多數人發現僅是準備和思考問題，就讓他們打開自己的智慧。即便歐林能幫忙人們處理生活實務和日常瑣事，他更願意告訴人們關於他們的人生目的、靈魂旅程和如何踏上靈性道途。歐林和達本都喜歡在人們發問前提供資訊，然後在後半個小時以對話的方式進行解讀。找到你的指導靈的喜好。有些指導靈喜歡對話，有些則不然。

當人們來找你解讀，除了回答他們的問題之外，試著回答更深入的問題。即使他們沒有問，也要你的指導靈談談他們的此生目的和成長機會。如果他們詢問關係，幫助他們把焦點放在關係的更高面向。有位女士問歐林：她的男友是否忠實，與其談論這個話題，歐林反問她：為什麼要和她不信任的人交往？他告訴她有關她的早期童年的生活模式、她的關係問題，她要從生活處境中學習的功課。他告訴她如何改變這些模式，完全沒有提到她的男友是否忠實。有了這些資訊，她開始檢視她過去和男性交往的模式，並決定有所改變。一年之後，她放掉之前的關係，並和一個她能夠完全信任的可愛男士結婚。

歐林和達本：

如果人們來問：「我應該做這件或那件事嗎？」指導靈可能會完全沒有立場。他們可能會做的事是——引導人們檢視可能的結果，並幫助他們為自己做選擇。例如，人們如果來問他們應該去海邊還是去山上，指導靈可能會告訴他們兩邊的情況：海邊有陽光，浪頭很高，路上會塞車；山上天氣溫暖，山路潮濕，交通順暢。然後指導靈會引導人們去發現他們追尋的本質。他們也許發現，他們想要安靜的沉思並和大自然交流，或是他們想和大家一起享受衝浪的樂趣。有了這些觀點和資訊，大部分的人會確定他們想要的是什麼，和選擇哪一條路；同時他們也獲得能幫助他們為未來做選擇的知識。大部分的指導靈會告訴人們，未來可期待的是什麼，並讓他們自己去選擇行走的道路。

高層次的指導靈幫助人們探索更多的選擇

有些人會來問：他們是否應該離開現有的工作、另找工作，或者離開他們的工作而成為個人工作者。指導靈可能會幫助他們更清楚地看見，每種選擇所包含的生活型態、技巧、金錢等等，如此他們對於自己的選擇有更多的資料，而不是告訴他們做什麼選擇。指導靈也許會告訴他們其他的可能性，以給與他們更多選擇。如果人們有太多選擇而不知如何作決定，指導靈會幫助他們縮小範圍，如此他們可以離開無法決定的狀態。

如果人們問：「我應該做什麼工作？」指導靈可能不會告訴他們特定的工作。他們很少會說：「你應該在電腦開發公司當經理。」指導靈只會幫助他們探索他們想要運用的技能和天賦，他們想待下來的環境、工作時間、負責的層級……等等。從這裡，人們可以為自己吸引喜歡的工作，樂於從業，並能獲得滋養與成長。

指導靈可能會為人們指出正確的方向，給與許多寬廣的暗示，告訴人們可以做什麼帶來更多喜悅，但是幾乎從不會說：「做這件或那件特定的事！」我們通常會給你適當的步驟，讓你自己發現你來這裡做什麼。讓你找到那個工作的形式。我們在這裡是為了引導你與你的靈魂有更大的連結，幫助你對你的狀況發光，讓你更清楚並支持你。然而考量讓你為你自己發現真理和道路，以及最適合你的人生際遇。

很多人會問：「我在這裡做什麼？什麼是我的人生目的？」這些是非常重要的問題和議題。人們在這裡出生有很多理由。他們也許為了學習更能無條件地愛，而將自己放在非常缺乏愛的環境，挑戰他們愛的能力；他們可能為了學習為自己設定範圍和界限，而總是在關係中吸引有力人士踩在他們的頭上。有千百種理由讓人們來到他的人生，而你的指導靈可能會為他們指出一些。不要覺得你的指導靈必須給與他們「那個目的」。你害怕無法通靈到正確的理由，或害怕誤解答案的恐懼，會切斷你和指導靈之間的連結。信任你的指導靈——知道人們適合聽到什麼關於他們人生目的的事。

讓你的解讀更正面

歐林和達本：

偶爾會有訊息管道感覺人們抗拒他們的指導靈給的資訊。如果你碰到抗拒，有可能是因為你沒有正確地轉譯指導靈的訊息。從更高層次，每件事都會以無比的愛與圓融來傳達，抗拒無以存在。這是高層次大師教導的方式。你的挑戰是帶著與指導靈相同的愛、圓融和智慧來傳達他的訊息。你變得愈清明，你自己的想法愈高、愈正面，你的解讀就會帶著更多的愛並更有轉化人們的能力。

高層次的指導靈說話帶著慈悲與愛

藉由放掉你平常的表達習慣——那些帶著隱藏的假設與暗示的語彙模式，你能增加轉譯的正確性和解讀的正面性。你可以更加留意——指導靈如何以愛的方式來組合字句和解釋事情。這可以幫助你發現，你日常的表達模式是否阻擋了指導靈愛的智慧。你也許會告訴別人：「不要那麼負面。」而你的指導靈會說的則是：「保持正面。」讓人們把焦點放在是什麼，而非不是什麼。

設法運用正面的語彙和思想配合指導靈傳送的訊息。當你為別人通靈，注意你的遣詞用字。當你的指導靈看見人們有卡住的地方，或是就你看來負面的事情，他會用正面和愛的方式來指出這些地方。如此收到這個訊息的人處理這些阻塞的地方，會變成有益和帶來成長的經驗。如果某人正歷經痛苦，你的指導靈會對他的際遇表示同情，然後幫助他看見從這些狀況中會得到什麼好處，以及經歷這些以後會達到什麼成長。他們可能會指出正在開展的靈魂品質是什麼，例如信任、耐心或愛。

如果指導靈看見你哪裡卡住了或有什們讓你退步，他們會用一種正面和支持的方式指出這些地方，為你創造成長的空間。我們很少說：「這會很困難」或「你做得不好」，相反地，我們會指出你正在做的所有好事，並引導你看見事情可以多麼容易達成。指導靈也許很溫和，只談論你能得到學習和成長的地方；他們也可能直率粗魯，如果那樣可以引起你的注意力。

我們只告訴人們他們準備好處理的事，並且僅談論他們可以接受的程度。如果人們還沒有準備好處理特定主題，我們可能完全不提。我們想要加速他們的進程到下一步，並一路協助他們的道途。雖然我們有能力看見在那之後的許多可能的步驟，然而如果我們給的建議太超越人們理解或行動的能力，只會徒然產生困惑和抗拒。

當你從出神的狀態回來，與其不斷重複你說過的話，擔心它是否正確，不如回顧你傳達的訊息，看看你是否能用更精確和有愛心的方式轉譯它。那些來找你解讀的人們想要知道，他們可能以什麼方式學習和成長。人們將受益於你的指導靈的解讀，得到適合他們此生此時知道的內容。請記得，你會不斷地開放與成長。那些被你的通靈吸引來的人，完全適合你現在的能力程度。

作為訊息管道，你成為人們愛與指引的來源

如果你感覺人們因為指導靈的訊息而批判你，請不要認為那是你的問題。面對人們的批判和負面保持開放，是挑戰也是機會。你並不是在法庭上受審。如果你發現你正在通靈服務的人很負面，送給他們更多的光與愛。保持你的核心，與你的力量同在。他們的懷疑或恐懼不需要造成你的恐懼或懷疑。明白他們的反應是為了要求更多的愛。通常他們這麼做是因為想要相信，好挑戰你證明給他們看。他們的懷疑是他們

內在的疑慮正在對他們說話。送愛給他們，讓他們保有他們的懷疑而無須捍衛自己。

珊娜雅：

當歐林進來，我對整體實相的觀點改變，我對人們有不可思議的愛和關懷。當我透過歐林的眼睛看人們，他們美極了。對歐林來說，每個人都是獨特、美麗和完美的生物。他明白每個人都已經盡力做好一切，並以他們可能的最快速度成長。

透過歐林的眼睛，每一件事都變得很正面。我發現歐林在做的事情之一是，重新架構。當人們談到發生的困境和痛苦，他會讓人們看見事情如何為了他們的益處而發生。雖然他會對人們的困境或痛苦表示關切，然而他也會堅定地向人們顯現他們生命的更大畫面。他會告訴他們正在學習什麼，並解釋通過這些經歷會讓他們變得多麼有力量和進化。當他結束，人們會對他們正在經歷的事情感覺好多了，他們有方法更快速地穿越他們的困境。歐林不斷地為我保證宇宙是安全而友善的，並且永遠照顧我們的更高益處。

發展你的解讀風格

歐林和達本：

每一位指導靈都不同。每一位指導靈有自己的喜好和專長。如果你的指導靈不想做某些事或看起來做不到，可能是因為你還沒有預備好開放那個層次的技巧，或是你的指導靈想引導你到不同的方向。別因為你不能做到某些事，就認為你不是在通靈。就像大多數訊息管道發現的，他們的能力隨著他們與指導靈的連結更強固，而不斷開放與成長。

當你為別人通靈時，你能在基礎的層次上影響人們的生命力

歐林：

你的指導靈也許想為你的解讀發展一個架構。透過別人的教學和我的指導，珊娜雅學習脈輪的知識。我利用這個架構一段時間之後，開始和她探討人類在地球轉世的

整個循環，包括整體的模式和他們的靈魂的興趣，以及人們為什麼選擇這些特定的轉世經驗。珊娜雅的能力在與我合作的幾年時光之中開展起來。當我在探討這些領域時，珊娜雅必須讓更強的電磁線與維持更大範圍的振動通過她的身體。

杜安學習許多身體工作的標準手法和結構概念。他利用這些結構執行他的能量工作，直到一個超越這些認知的新架構出現。當他看見身體周圍的「密度圖案」時，他了解他開始看得見物質能量場，所謂的「情緒體」與「心智體」。當一切調和時，靈性的光輝變得清晰可見。他開始看進肌肉和生理的結構，「明白」碰觸哪裡和怎麼做能夠終結特定的疼痛，釋放前世或今生的創傷，並重新形塑能量體（肉體、情緒、心智）到一種更高的靈性模式。他開始能看見人們的身體中和他們的能量場有來自別人的心電感應連線，並發現他能截斷這些能量線，而在人們的生活上創造立即的改變。

從一個他能理解和操作的結構開始，他最終能夠進化並超越它，而展開他和達本自己的方法。幾位能夠通靈的身體工作學生，透過與杜安、達本和他們自己的指導靈的合作，能夠看見相同的能量圖案，並在調整後創造類似的結果。這個新的結構讓杜安和其他人有更擴展的方式來協助別人。

珊娜雅和杜安：

這些為人解讀的指導原則和建議，基於我們對歐林和達本為人們進行解讀的經驗。我們給你這些想法和架構，來幫助你開始像你的指導靈一般思考，並不表示你需要遵從它們才能做出好的解讀。這些指導靈處理提問的意見是為了幫助你開始你的通靈，而非限制你的指導靈該如何回答問題。做做實驗，更重要的是，信任你的指導靈。

❖程序：對準別人的能量

目標

為別人通靈。

準備

只有在你與指導靈建立口述通靈的連結之後，才能為別人通靈。找幾位支持而開放的朋友，想做解讀並想會見你的指導靈的人。準備你的錄音設備。喜歡的話，放一點音樂。找個舒服的姿勢坐下來，地板或椅子上都可以。剛開始也許你會感覺，直接面對你要解讀的朋友比較容易。

步驟

1. 開始做幾次深呼吸，放鬆你的身體，你可以想像白色的光環繞著你。請求最高的療癒發生，或讓最多的光進入你們。

2. 閉起眼睛，進入出神狀態。呼請你的指導靈，你需要多久就用多久的時間。感覺指導靈對你的解讀對象的慈悲。當你準備好，你的指導靈也許想問候你的朋友。讓你的指導靈的人格，以你的聲音、舉止態度或姿勢的改變表達出來。他也許會發展出一種標準的問候語，像是歐林會說：「問候你！」達本會說：「歡迎！」大多數的指導靈會用一種方式表示他已經出現。

3. 讓你的指導靈問你的朋友一個他想問的問題。對於剛開始學習通靈的情況，問題可以是：「我會從這段關係，或這個情況學習到的是什麼？」或是：「我如何得到靈性成長，並為生活帶進更多的光？」指導靈可以自由地釐清問題或問一些背景資訊，如果你感覺無妨，讓你的指導靈和人們互動，這也會幫助提問者弄清楚，他們想知道的是什麼。

4. 讓答案從你的指導靈流進來。別期望你會收到令人訝異或不尋常的資訊。當你坐在這種更高的光中，最有用處和最深入的資訊往往顯得很淺顯。被吸引前來的人是想聆聽你在通靈中必須說的話。讓指導靈選擇注意的焦點和要告知對方的訊息，這些訊息對你而言可能沒有意義。信任你的指導靈知道說什麼，因為他能覺察提問者生活的更大畫面。

5.進行下一個問題。有些訊息管道發現，他們的指導靈喜歡在通靈一開始就問出所有的問題，有些指導靈喜歡對話。你可以用你的指導靈喜歡的方式。出神的狀態可能依你通靈的對象和找尋的資訊而不同。你甚至會發現，即使是為相同的人通靈，你每次的出神都有些微的不同。你可能發現，為某一些人通靈比另一些人更容易。

6.一開始你可能只想做比較短時間的通靈，然後逐漸加長時間。如果你感覺累了或連結變弱，或你已經回答夠多的問題，你可以結束解讀。許多指導靈有標準的結束用語，你可以發展你的指導靈的方式。歐林會說：「祝你擁有愉快的一天！」達本會說：「歡迎你再次進入高次元！」

第九章

預言以及可能的未來

指導靈如何處理預言

歐林和達本：

你也許相信如果你開始通靈，你會有能力預測未來。很多指導靈不給預言。未來只是一種可能性，因為發生的事情很強烈地被你的想法、信念和無意識的程式所影響。每一次你放下一個信念、改變一個目標或發展不同的期望，你就自動改變了你的未來。我們寧願幫助你設定一個更好的未來，也不願告訴你會發生什麼事。

當人們要我們預測未來，我們會看待這些請求為——要我們幫助他們創造更好的未來。當人們要求我們預測某件事會不會成功，他們通常只是害怕它不會成功。當人們問：「我能賺錢嗎？」與其告訴他們是或否，許多指導靈寧願引導他們去了解做什麼能夠賺錢。藉由引導人們以更高的視野看待自我和自己保有的潛能，我們能幫助人們創造比他們以為能擁有的更多。我們幫助人們覺察自己的真理，並釋放舊有的模式和信念，如此他們能創造他們想要的一切。

你能創造你想要的一切，未來並非注定

當我們被問道：「我可以得到我去應徵的工作嗎？」這個問題暗示他們的無力感，認為他們只能坐著等待事情發生。通常人們對於未來的問題，只是指出他們對於自己影響生活的能力缺乏信心。作為指導靈，我們幫助人們看見他們能做什麼去創造想要的一切。在找工作的問題中，我們可能會告訴人們：觀想得到它。我們可能會建議他們，和應徵的主考官做心的連結。或者建議他們，放手並信任最好的事情會發生，並指出，如果沒有得到特定的工作，是因為一個更好的工作正在等著他們。

當一位開始與男友約會的女士來問我們：「我會和他結婚嗎？」或：「這段關係會長久嗎？」我們也許相當清楚事情可能的方向，然而，我們理解在這一個時間點上，揭露那個未來將不利於這段關係的可能性，反而剝奪她學習的經驗。如果我們建

議她關係可能會結束，知道這個訊息後可能會引起抗拒，因而讓關係延長，超過自然的結果，或者，也有可能造成關係的立即結束，比原本該有的時間還短，同樣都是剝奪了她的功課。

我們非常小心地避免提供建議而干預人們的成長。我們希望幫助人們更輕易而快速地通過他們的功課。因此在這個個案中，我們會告訴這位女士：她正在學習的功課是什麼，以及她正在經驗的關係模式為何，然後協助她找到這段關係的更高目的。我們不會告訴她關係的未來，特別是如果她的功課是學習相信自己的判斷力或信任別人對她的愛。我們可能會點出她正在培養的靈魂品質是什麼，例如自愛和信任。

如果她擔心關係會結束，我們也許會幫助她明白：擁有這一段關係是可能的，並指出她需要做什麼來維持這段關係。我們也許告訴她如何讓關係變得豐富，並讓她擁有的部分發揮最大的效益。而她需要去決定，維持這一段關係的代價是否值得。有時候，維持關係意謂著讓理想妥協或讓生活不夠喜悅。我們會幫助她更看清楚她的選擇，讓她能決定一條適合自己的路。

高層次的指導靈對於告訴人們未來將發生什麼事是非常謹慎的。如果人們想要預測未來，你不必覺得必須滿足他們，事情並沒有注定以什麼方式發生。

珊娜雅：

從我對歐林通靈開始，他不曾做過任何預言。我感到很失望，因為指導靈應該要給預言才對。歐林一再告訴我，他是一位靈性的指導靈，不是算命師，兩者有如天壤之別。他向我保證，他看得見人們正在設定什麼，卻不希望人們來解讀只是為了想被告知未來是什麼或該做什麼。有時候他會告訴人們，他們未來的成長。他會告訴他們，要打開他們的心，或者，他們的下一個功課會集中在什麼溝通或關係上，但只有當這樣對他們的現況有益時才說。

在我通靈幾年之後，有一天歐林告訴我，他想教我關於未來和可能的實相。有幾個月的時間，他給我各種預言，個個成真。有幾次他給我報紙的頭條新聞和日期，幾個月之後，果真一模一樣的事情出現。所有的預言與群體事件有關。對於這些事件，他指出它們全都被主事者所設定、視像化並計畫了，他只是透過閱讀集體心智和可能的結果，投射出去，即成為事件的預測。

他告訴我大型的事件很容易預測，因為許多個月前就有能量線從集體意識中投射出去。這些事件的心靈重量，與它們周圍的集體同意，以及所牽涉的人數讓它們更加難以停止或改變。不像一個人改變他的想法就可以輕易地改變他的未來，影響眾人的事件，通常不會因一個人的改變想法就有所變化。這些要素讓大型的社會事件可以被預測。歐林曾把牽涉某個集體事件的人在夢中連結，而集體事件確實可以被改變，如果有足夠的共識這麼做的話。當他向我清楚解釋這些成因之後，就不再給我任何這一類的資訊。如果時機恰當，歐林仍會看進可能的未來，然而這只有在如此能協助我或那些正與他談話的人的靈性道路時。

指導靈如何看待未來

歐林和達本：

未來不是注定的。這是個自由意志的世界。如果你想看看人們的可能未來，問你的指導靈是否同意談論它們。在你進行之前，在內在確定一種對的感覺。在這件事情上確認很重要。如果感覺不對，或者取得建議很掙扎，或者你接收不到任何事，那麼就不要說出什麼可能的未來。不回答也無妨。簡單地說：「這個問題指導靈沒有給我任何資訊。」如果因為你的預言而取走了人們的功課，他們可能需要設立另外一個類似的情境去學習相同的事。有些人把自己一再放進相同的情境中，只為了教導他們自己一項主要的課題。你看過有人從一個關係走進另一個關係，認為只要對的人出現，每一件事都會變得很好，然而只有在付出巨大的努力之後，他們最終會發現，他們需要的是內在的改變而非向外尋求。

歐林：

當我剛開始透過珊娜雅送出指引時，她經常能感覺出來兩個人之間的關係會愈變愈好還是會結束。我會用一種感覺通知她——這些事能不能講，如果不適合說而她卻沒有認出我的信號，我就會把這個資訊取走，讓她看不見，說不出那個可能的未來。她會「忘了」這個洞見而發現自己用其他的資訊取代。

改變自己就改變未來

歐林和達本：

在指導靈的實相系統中，所有的時間都是同時的。我們並不在你們的線性時間與空間的結構中。我們看見我們和你共同工作的整體，而你只能一步接著一步看見它。我們並不是在說那是預先決定的。你在任何時間向前跨步或做了決定，我們都能把它以全方位的角度投向未來，並看見這個動作完成的樣子，藉此探索所有的可能性。因為這個完全的觀照，我們得以協助你看見你的選擇造成的結果，而幫助你找到最適合你的路徑。

我們用兩個方式看待你設定的未來，其一包含你想要的創造，其二包括你到達那裡需要的步驟。要預測事情發生的時間是困難的，然而預測事情是否發生比較容易。如果你對某件事的欲望很強烈，如果你意圖擁有它，那麼它最終一定會實現。除非你改變你的心意不再想要它。我們可以看見你想要的程度、你到達那裡需要的步驟、你的意圖是否清晰等等因素，因此我們可以相當準確地預測，你是否會得到那樣東西。

你做或你沒有做的事，都可能會加速或延緩你的進程。要得到某樣特定的事物，包括採取特定的步驟，如果在某一個點上你耽誤行動的時機，那麼得到它的時間可能就會增長。我們可以看到你可能會得到的某樣事物，但是你的行動如果改變，要準確地知道何時你會實現你的渴望便比較困難。

長遠的未來有更多的變數並且更難預測，因為愈遠的未來，含納的「可能性」的數量愈多；在此刻與彼刻之間，你能選擇的路徑數量增加。每一個你做的決定都會改變最終的結果。

我們處理可能的未來很像你們的天氣預報員。我們可以看見有百分之八十的機率你會獲得你想要的升遷，基於你的意圖、欲望以及你和老闆的關係。而我們也看見，百分之十的機率你會辭職，因為注意到你心裡有幾個朝那方向的想法。還有百分之十的機率你得不到那個升遷，因為一些其他的因素。任何時間你都有可能啟動那百分之十的可能性而辭掉你的工作，所以預測是基於事情發生的機率而做的。

你在每一個片刻都依你的自由意志、行動來創造你想要的事物。有時候，一個人朝向特定未來的運動如此強烈，要花很大的力氣才能轉向。然而，仍然是可能完成的。你能改變未來！即使只有百分之一的機率，也永遠有可能發生。

你進入的未來愈遠，你處理的愈是本質而非形式。你也許渴望擁有一個有成就的工作。「有成就的工作」這個想法就是本質的想法。那個工作的形式、頭銜和職務是比較難預測的。我們更能精確預測的是——你會得到的本質，例如成就很高的工作，而非告訴你：它以什麼形式來到。

未來由你的意圖所創造

如果你想問我們：「什麼時候我會遇見我的靈魂伴侶、我的另一半？」許多指導靈可以相當準確地告訴你，是否有人會在不遠的將來進入你的生活。我們看得出來你是否有這個意圖，也通常能發現這位正要進入你生命的男性或女性的靈魂和能量。但是有可能，你突然進入一段急遽的成長週期，你的習慣和品味可能有所改變，因此你的振動也變化了。如果像這樣的事發生，你將有能力交往一個很不同的人。你也許會吸引一個不同的人或一段非常不同的經驗，和吸引原本將進入你的生活的那個人。

大部分你將遇見的人，在你實際見著他之前，就已經開始與你在能量層次上有連結了。所以如果那個人已經進入你的能量場，我們可以相當精確地告訴你，多快你會見到他，如果這是一個適合對你揭露的資訊。通常在他們進入你的能量場數週之內，你們就會碰面。常常人們自己就能覺察這一點，他們會說：「我想我會很快遇見一個特別的人，我感覺到了。」

有時候，在你遇見長期關係之前的幾年，我們可以看見一個短期關係要進來。如果我們告訴你，這個短期關係不是你的靈魂伴侶，可能會剝奪你的成長。更恰當的是幫助你看見，你正在學習的功課和你可以表達愛的方法，而不是告訴你這一段關係是否會永遠維持，或是這位來到的人是不是你的靈魂伴侶。

指導靈看得見你的想法和情緒，並能從這些地方分辨你設定的事件是什麼。有時候你經驗到不想要也沒預期的事件，你肯定自己沒有參與創造它。但是再想想，你們的宇宙是個因果世界。如果你經常認為自己沒有力量，是個受害者，你就會「受到迫害」；如果你常常想著自己有多麼幸運，你會經驗許多「幸運」事件。你吸引事件來確認你的信念。我們可以看見組合你的能量、思想和情緒，從這裡分辨你正在吸引什麼事件。再說一次，沒有一定的事。你可以改變自己是受害者的看法，下決定主掌你

的生活或主導某個情況，這將改變你的未來。

人們問起的任何關於預測的問題，都可以用靈性的觀點回答。如果有人問起，他們是否會在新的事業成功？與其預測未來會如何，你的指導靈可能提點他們，如何讓事業成功。當人們問：「我會結婚嗎？婚姻會長久嗎？」與其回答是或否，你的指導靈可以幫助他們看見——他們能做什麼來創造想要的愛的關係。任何關於未來的問題，都可以變為讓那個未來發生的建議。當你們的指導靈把問題變成了機會，幫助人們創造想要的未來，他們就服務人們變得更有力量。你們一起提升了你們幫助他人轉化生命的能力。

❖程序：為自己看見可能的未來

目標

旅行到未來，為現在帶回指引。

準備

只有在你和指導靈建立了口述的連結之後，再進行這個過程。準備錄音設備。舒服地坐下並放鬆。決定你想看進多遠的未來，六個月到一年是最好的。

步驟

1. 進入出神狀態，連結你的指導靈。想像一個代表你最想要的未來的象徵，讓它代表你明年最光明的道路，將它「拋進」未來，並想像它開始傳送給你關於你如何到達那裡的資料。打開你的錄音設備。

2. 想像你進入一週之後。讓你的指導靈為你照亮並強化你看見未來的能力。看著你心中的月曆，將一週之後的日期標出來，讓你的感覺和想法透過來。你心中出現什麼主題嗎？你在計畫或執行什麼新事物嗎？花一點時間讓意象進來，錄下你的描述，然後消融這些意象。

3.想像你邁入一個月之後。再一次，在心中看見那個月曆，把一個月後的日期標出來，讓相關的感覺、意象、想法進入你的意識。你在做什麼？思考什麼？或計畫什麼？注意那個你最想要的未來中的自己，和現在的你有什麼不同？也許你注意到，當你將未來的你的能量帶進現在，你感覺周圍有更多的光。錄下你的印象。現在，消融那些影像。

4.想像你進入三個月之後。注視你心裡的月曆，把三個月後的日期標出來。注意你心裡想做什麼和你內在的感覺。

5.用同樣的步驟，看著六個月後的日期。然後，依你感覺適合設定未來的時間，繼續看進九個月後或一年或更久的時間。想像你回頭看看現在的你，在指導靈的洞見幫助之下，讓你的未來自我給現在的你一些意見。你可以看看你現在生活中的任何事件，從這個更高、更睿智、更全知的角度給自己建議。

6.在這些未來時間點上你所接收的感覺或意象的光中，你可以直接問指導靈如下的問題：

a. 我現在可以做什麼選擇和決定，把我放進這個可能的最高途徑？

b. 什麼活動、想法和行為是我在明天、下週、下個月適合做的，讓我能遵循光的道路？

7. 當你完成，感謝你的指導靈並離開出神的狀態。

評量

人們發現這個過程非常有力量。你可以定期這麼做，你也許會發現你對生活的態度會有更宏遠的觀點，更像指導靈的視野。在未來偶爾讀讀你的筆錄，你會很愉快地看見你的成就與成長。

為自己通靈

珊娜雅和杜安：

有些人發現為自己解讀很容易，有些人覺得很難。有時候，用一些對你而言不涉及情緒的問題來開始會容易些，因為你對結果的投入，會讓你很難相信你接收的答案。在以下「為自己解讀」的過程中，歐林和達本設計了一些問題，來幫助你學習為自己獲得指引。

珊娜雅：

在我通靈許多年後，我才開始為自己解讀，我發現它要求很高的抽離和平靜。如果答案啟動我內在強烈的情緒反應，就會破壞那個連結。我花了幾年練習才能為我自己得到一些特定的生活細節。剛開始接收歐林傳送有關我的生活的一般指引比較容易，然而為我的生活細節通靈時，我發現自己會相當涉入其中，而與指導靈失去連結。花了幾年時間我才能對指導靈的建議保持足夠的抽離，並維持穩定、清晰的連線。

❖程序：為自己解讀

目標

為自己取得關於個人問題的答案。

準備

只有在你和你的指導靈建立口述連結的經驗之後，你才能進行這個過程。準備好錄音設備。你也許想事先準備問題。你可以記錄你已經有的答案，然後和指導靈給你的答案作比較。有些人會花一個星期的時間隨時寫下心中浮現的問題，如此在他坐下來通靈的時候，已經有很好的、事先想過的問題可以提問。

步驟

1. 進入通靈狀態，與你的指導靈連結。打開錄音設備。

2.提問並錄下答案，讓資訊流動，不管它看起來是顯而易見或者是意料之外。

以下是幾個你也許想問指導靈的問題：

a.什麼是接下來六個月中代表我的最高生活目的、對我而言最重要、最需要專注的事情？第二重要的事情又是什麼？

b.想一個生活的現況。問你的指導靈：「眼前的情況要我學習什麼？它如何幫助我的靈性進化？」

c.我如何成為更好的訊息管道？我可以在身體、情緒、心智和靈性方面做什麼，以更緊密地連結你以及我自己的靈魂？

3.當你準備好了，謝謝你的指導靈並完全離開出神的狀態。

評量

如果你對接收私人問題的答案有困難，請繼續練習。你的情緒和對事情的陳見可能非常強烈，而指導靈很不容易穿透你的濃密情緒。另外，如果你已經得到從指導靈收到的想法，你也會懷疑是你還是指導靈在說話。許多人覺得，為自己通靈比為別人困難。有些人覺得，為自己通靈很容易，但是為別人通靈很難。它是非常個別化的經驗，保持耐心，多做實驗。

第3部

開放通靈的故事

第十章

我們的通靈經驗

歐林的第一次出現

珊娜雅：

人們常問我如何遇見歐林，以及在那之前我是否知道自己會通靈。我從未想過做一個靈媒，直到我去找貝蒂·比薩德（Betty Bethards）女士解讀，她說我二十幾歲時會開始通靈，並且通靈會是我的終生志業。我解讀的時候十八歲，剛上大學，成為靈媒似乎是不錯的願景，然而卻也離我很遠。雖然我偶爾會想起這件事，然而我把它和其他夢想一起束之高閣。

大學畢業後，我開始投身一些現實的事務，例如賺錢生活。我做了幾年辦公室的工作，然後自己開始了一個小型的行銷顧問事業。我喜歡商業世界，但總感覺少了些什麼。大約在那個時候，珍・羅勃茲（Jane Roberts）藉由通靈賽斯寫了幾本書，我閱讀了它們並且非常喜愛。幾位朋友開始和我一起聚會討論賽斯書，並買了一個靈應盤想要連結我們自己的指導靈。我們立即就收到訊息。我們要求一位最高的指導靈出現，我們想要像賽斯一樣的高靈！

這是我在一九七七年第一次遇見歐林的緣起。歐林透過靈應盤進來，聲稱他是一位大師級的老師，並且說，當我成長到更能接收他的時候，我們會聽見他更多的訊息。那時候很明顯的我是接收訊息的人，所以其中的一個朋友便成為我的夥伴，而另一個人負責記錄。我們每週聚集一次接收歐林的指引，以及來自另一位指導靈——丹的許多資訊。丹其實更常透過來。我的朋友會聚集在一起接收這些指引。我們接收了超過兩百頁的筆記。

那一年的稍晚，我發生了一次車禍意外。一輛車突然出現在我的福斯小金龜車前面，我急踩煞車，但是煞車卡住了。當我的車在高速公路上翻轉時，時間大大地慢了下來，而似乎其他次元的門戶打開，我彷彿看進了未來，並且知道自己會沒事。當我最後在上下顛倒的車中頭眼昏花時，我明白一個轉換在我內在發生。於是那天晚上，我放下了靈應盤，開始直接用我的聲音通靈。

我還記得我對口述通靈最初的猶豫是，我害怕什麼也沒有發生，或出現的是無意義的訊息。我有很多朋友在現場，熱切地期待我開始。我閉上眼睛，聆聽進來的訊息，就像我「聆聽」靈應盤的訊息一樣。剛開始我收到的訊息像是快轉的錄音帶，意念快速穿越我的知覺，我還來不及說出口就過去了。我要求字句來得慢一些，於是它們便又來得太慢，甚至讓我分心而失去連結。然而，我確實帶進了意思連貫而且有意義的訊息，那個晚上是非常令人興奮的成功。這過程持續了幾週，直到資訊進來的速度和我接收的能力一致。

我收到的意象十分鮮明豐富，我感覺我的言語不過是表達了我體驗到的本質很小的一部分。通靈的輕易與否，與我的能量和我願意給我帶進的訊息多少肯定和信任有關。透過專注於接收第一、二個字眼並想像它們就像從靈應盤流進來，我成功地轉換了通靈的方式。一旦我收到第一個字，其他的訊息便自然流動。

那時候我用我的聲音說話，因為我對於在朋友面前表現怪異感到很害羞。我會壓抑我的手勢和語氣，但我知道那是丹的一部分，他正透過我講話。丹向我解釋，他在為我傳遞歐林的能量，直到我能直接接收歐林的更高振動為止。歐林向我解釋，我的身體就像只能承受二十伏特的電路，但是歐林卻像是五十伏特。

我學到即使我讓注意力分散很短的時間，也會失去訊息並需要用我的意識重新找到它。通靈要求極高的專注力。它就像找尋某個電視頻道，我要盡可能穩定不移地想著它，才能把它帶進來。一段時間之後，我能夠感覺我的想法和丹的想法是分開的。當丹向別人解釋事情時，我會在心中問他問題，我可以感覺他回答我，即使同時我正在為他傳遞訊息。

歐林仍舊用靈應盤和我說話，他建議許多幫助我提高振動的事，讓我有可能直接接收他。第一次我嘗試讓歐林透過來的時候，我幾乎昏厥。我感覺我從頭到腳膨脹起來，像是海綿一樣，比整個房間還大，但是被容納在一個能量場中。我感覺胸部一陣酥麻，並感受到力量和愛。我對於光和顏色的感知也改變了。

我不再嘗試直接和歐林做口述通靈，但是我遵從他的建議調整體型，並開始在我家後山的樹林中慢跑。

我的突破發生在我買了新的錄音機並坐下來錄音的那一天，我進入非常深的出神且錄了一卷內容。當我倒帶回去想聽我錄了什麼，我明白我為歐林做了第一次的口述通靈。錄音內容是一段為我做的冥想引導，內容是增進我和歐林的連結並成為更好的管道。歐林教導我許多關於通靈的事。他建議我把節拍器設定在心跳節奏以練習通靈，然後練習以不同的速度通靈。他要我調整呼吸，練習聚焦和專注，還有其他許多事情。就在這個時候丹離開，丹說他的目的已經完成，而歐林會從那個時候接手。

接下來的三年都用在解讀和對各種不同的人說話。當我回顧，我明白這是一段練習、再練習和更多練習的時光。

我的能力增加了，我能清楚地通靈並精確地反應訊息。那些訊息是很有建設性並十分正確，能幫助人們改善生活。那時候我仍有一份全職的工作，但是我能找到的每一分鐘餘暇都用來投入追隨歐林的道路。和歐林在一起通靈充滿了樂趣，我愛這個勝過一切。

我體驗到歐林是一位非常有智慧和愛心的高靈，他對世界有一種和我完全不同的觀點。對我而言，靈性成長和達到基督意識變得愈來愈重要。歐林成為我進入更高意識的老師和嚮導，幫助我喚醒我的內在智慧並擁有更多愛的感受與更大的平靜。他引導我做許多冥想，幫助我達成我的靈性成長。

一九八二年我遇見杜安，他來找歐林和我做解讀。

杜安因為我們共同的朋友而聽說了歐林，他想知道關於他的生活的訊息。他在地質和地球物理的領域工作多年，擁有博士學位，旅行世界各地，提供地震帶水壩建築工事的諮詢，並管理大型的石油探勘公司。在晚上，他則用他自行研發的身體工作技巧做教學和療癒。他不確定自己想要什麼，是要繼續目前的職業生涯？開始建立自己的諮詢事業，全力投入教學和發展身體工作？或是探索地球的不同部位，寫書和找尋能量點（有強大能量的地方）。

歐林鼓勵杜安遵循他的內在訊息，並嘗試新事物。那個解讀是關於他的人生目的，並從眼前的眾多機會中找到方法去選擇做什麼。那個解讀完成後，我向杜安提起我坐得很不舒服，因為參加了一個很激烈的體能訓練，造成背部的肌肉拉傷。於是杜安便動手調整，在幾分鐘之內解除了我的痛苦。我簡直無法相信，他可以做得這麼快！事實上，我不相信這樣就可以完全解除，我一直以為肌肉痠痛和痛苦是做運動必須承受的代價。

於是我開始以杜安為師，學習能量和身體、心靈與靈性的精采旅程。杜安和我有很多共同的興趣，並且都很喜歡激勵對方探索新的成長領域。我們在爾後的幾年一起工作，互換教師和學生的角色，彼此學習。和杜安一起工作，我開始去除我對於療癒的世界可能做到什麼的既有概念，特別是「治療需要時間」的想法。因為他讓我看見，療癒以奇蹟式的速度發生。杜安幫助我調整我的身體，讓它能對準我通靈時帶進的更高頻率。

歐林和我正在教導一門課程，後來它的內容變成《喜悅之道》這本書。他和達本建議我們一起教通靈。在那之前我已經辭掉所有的其他工作，全心投入我對歐林的工作。歐林也鼓勵杜安發展他的靈視力，並幫助他了解他在身體工作上發生的改變。

達本的進入

杜安：

我和達本的第一個經驗是發生在我做身體工作的時候。當時我處理人們的能量，我發現我正在做一些我的訓練或知識中沒有的事，而這些動作或技巧產生令人驚訝的效果。

人們發現長年忍受的傷害或疼痛，有時候短短一個小時便消失無蹤，我只是沒有辦法解釋我是如何創造出這些效果的。我似乎「知道」我什麼時候真正完成了一個程序，我可以感覺有一個看不見的存在在幫助我。我沒有辦法去調整個案的其他部位，除非我完成特定的手法或技巧。這一位看不見的存在幫助我知道怎麼做，並「給與」我療癒的方法，而那是我從未學習或使用過的。

我對於心靈和身體的互動十分著迷，特別在我成為一個慢跑熱愛者之後。我的慢跑生涯在接近兩年的足、踝和膝蓋的疼痛中剛畫下句點。我想治療我自己，但是似乎毫無希望。有人告訴我，那是因為骨骼或是結構的問題。

當我愈來愈常去思索我的身體，我彷佛變得可以看見它的內部。我了解到，幾乎每一種不舒服都是肌肉造成的。逐漸地，我開始明白我可以運用意念改變我對受傷地方的想法，然後利用按摩的手法重新調整肌肉的結構來療癒自己。

我了解我可以用同樣的方式療癒別人受傷的地方。運動員開始來找我。一開始，我會先在我的身體創造相同的傷害，我得想出辦法去療癒，然後我會用它治好對方，在他們離開後，我再療癒我帶進自己的他們的傷。於是我開始探索，有什麼方法能療癒人們卻不用帶進他們的問題。其中一件我開始做的事是——幫助人們發現，他們如何可以利用自己的意念，在我為他們調整時療癒自我。

當我處理人們受傷的地方時，我了解到我在感知進出他們身體的能量，而非他們的身體本身。在我工作時，我對身邊那位看不見的存在的感受愈來愈強烈。但是我排斥指導靈和心靈治療的概念，因為它們不符合我所受過的科學訓練。

作為一個科學家，我開始有方法地研究每一種我能找到的身體工作法，從東方的方式，像是穴位按摩以及相關的理念，到西方的深層組織、運動學、運動表現、動作研究……以及林林總總其他身體工作的類型和技巧。

有一位很熟悉通靈也找過許多指導靈做解讀的朋友，給了我一份找歐林解讀的禮物。在我聽過她所有通靈解讀的錄音後，我選擇歐林，因為歐林的資訊和傳達方式，有辦法通過我對於「心靈」能力的懷疑。這就是我怎麼遇見珊娜雅和歐林的經過。

那個解讀真的讓我重新檢視我對生活的看法。我不相信歐林說我可能會辭掉工作，也不相信通靈本身是真的。然而我暫時不下判斷，因為我也無法解釋，我在傳統的身體工作方法中獲得的新經驗。

當我繼續和珊娜雅一起工作，我注意到她在通靈時，她的能量和氣場會有一種改變。我也明白，歐林的愛和智慧的觀點超越任何我知道的人類。如此我發現，自己在面對我相信和眼前發生的事情上有很多矛盾。

後來一連串的心靈經驗，更加速產生我在信念架構上的衝突。有一天，我在一個山丘上慢跑，周圍的一切全都成為變化的圖案。樹看起來不再像樹，卻像振動的圖形，並且我可以看穿它們。我立刻擔心我的精神是否有問題，我不僅不想告訴任何人，我甚至不想承認自己發生了這些事。幾天以後，我在紅燈前停在一輛車的旁邊，我看了一眼鄰車的女駕駛，讓我嚇一跳的是我沒有看見人，我看見的是一團光和從她的身體四散的能量線條。我非常擔心，我要求這些經驗停止，所以它們也就不再發生。後來我想進一步開展靈視力時，我還花了好些時間才把這些經驗帶回來。

當我繼續和珊娜雅一起工作，那些通靈和對心靈能量敏感的人開始來找我療癒。我開始探索透過碰觸和能量工作協助人們通靈的可能性。我發現，跟隨我的內在知覺和那位看不見的存在的幫助，確實可以產生很顯著的效果。

大約那個時間，我又開始可以鮮明地看見人們身體內部和周圍的能量。我可以分辨三種，然後是四種不同的能量質地或層次。之後，透過仔細的觀察，我發現這些與人們的身體、心智、情緒以及靈性的氣場息息相關。有些人的周圍有進出的能量漩渦。當我能夠「平息」它們，透過我的碰觸把它們放進更有條理的紋路和圖形中，人們會立即體驗他們向上進入靈性空間的能力有劇烈的改變。

我開始感到深刻的分裂。科學部分的我每天去上班，處理管理的工作和科學及商業的一般事務。下班後，我回家並處理人們的能量，看見那些科學界否認的事，並產生似乎不可能的結果。雖然這種平衡還滿理想而舒適地維持了幾年，但是這兩種實相的距離愈來愈大了，我明白如果我要繼續保持正常運作，一定要找到一種解決之道。

我的科學自我告訴我，如果我做能量和身體方面的全職工作，我將墜入萬丈深淵。我的直覺自我告訴我，我將無法再忍受去工作而否認那個正在變成我的生活最有樂趣的部分——我對超意識實相的體驗。在一九八四年四月，我花了一整天的時間和珊娜雅與歐林在一起，想要解決這個衝突。

四月的那一天，我知道將有事情發生。幾個星期前，在我開車的時候，「達本」的名字便出現了，像是有人在我的耳邊輕聲地說「達本」這個名字。從那個時候起，我就有一股衝動想探討這個現象。我不確定我相信通靈這回事，儘管我可以看見指導靈進入時，人們氣場的改變，我已經愈來愈難否認我看見的事，但我又確實不願意把我的生活交給一位指導靈，我想自己掌握。

那一天，歐林要我說出「達本」的名字，並邀請這位存在更靠近一些。當我這麼做，我開始變得又冷又熱，我開始看見珊娜雅變成了顏色和一層一層的能量線條，而且我可以看穿她。這位靈體似乎更靠近也更真實了。我身體的知覺真是非常地強烈。我的橫膈膜下方不由自主地震動著，而我則不停地喘息。那真的是非常地戲劇化。而我事後了解那是因為，如果它不那麼嚇人，我不會相信那是真的。在那個時候，我相信事情如果沒有難度便不夠真實，而且我相信事情要有一些體能的要求才是有價值的。後來我了解達本的進入不需要那麼嚇人，我現在可以很輕鬆地連結他。

開放通靈讓我的生活立即改變。從達本的更高的觀點看來，我需要做什麼讓我的生活順利是十分地清楚。曾經有幾個月的時間我難以下決定，我做兩面人，忖度著該怎麼辦。現在我的內在有一種篤定，我很明白我需要依從的是，無論如何都能讓我繼續做身體工作和支持別人的途徑，而且我想學習更多有關通靈的事。隔天，我擬了一個離職計畫，並且向公司提出辭呈。

這是一個重大的決定，因為我面對的是多年的科學訓練忽視也嘲諷的形上學的現象。通靈和指導靈絕對不會是我的科學家同事們討論的主題。我明白為我自己的心理健康著想，我需要為通靈找到一些邏輯的科學解釋。所以我著手研究通靈，就像我做科學和身體工作的研究一樣。於是從開放通靈的角度研究身體和能量系統，變成我的主要焦點。我也開始閱讀所有有助於我了解通靈的資料，包括哲學、宗教和科學的觀點。

從那個時候起，珊娜雅開始和我一起通靈。似乎我們的指導靈認識彼此，而且他們常常想要談論相同的主題，談話由兩位交錯進行。在一九八四年四月到十一月間，我們接收了許多指引，幫助我們的生活做了某些重大的改變。

並不是任何單一的事情或事件說服了我通靈這個事實，而是一連串的事件。達本說的話可以前後連貫，即使在幾個月後接著之前談過的主題，他也能一字不差地從他結束的地方開始。他告訴我會發生的事情，真的發生了。

起初我還不願意，慢慢地，我開始對達本要展現給我的洞見感到著迷而渴望。我頻繁地對身體工作和能量系統的主題通靈。事情持續不可思議地順利進展，一種信任和工作關係穩固地在我和達本之間建立了。

第十一章 預備通靈教學

準備工作

珊娜雅：

我們想和你分享人們的開放經驗，以及通靈如何改變他們的生命。當然你會有你自己的獨特體驗，然而希望藉由我們和人們的故事，你更能發現你與生俱來的通靈能力。更重要的是，通靈對我們而言是莫大的樂趣。在通靈中，我們做我們喜愛的事，它讓我們看見，我們的每一刻生命可以是多麼豐富和有意義。

在十一月歐林和達本第一次建議我們開課教導通靈之後，我們開始變得非常忙碌。我們繼續原本每個月一次的週一之夜的聚會，並擬出一到六月的課程規畫。課程題目是關於看不見的能量體：脈輪、星光體、乙太體和因果體，以及多重次元的自己。我們對於這些主題的認識不多，但是歐林和達本告訴我們，這是他們想教的內容，所以我們很期待這些課。在紛飛的耶誕卡和忙碌的課程規畫中，我們還規畫了一趟南加州沙漠尋找能量點的旅行，來繼續我們的學習。我們在沙漠中度過美好的幾週，在那裡，歐林和達本給我們許多關於指導靈的資訊，包括他們是誰、他們如何傳送訊息和如何分辨指導靈的高低。

設定白色光泡

珊娜雅：

我們的第一次通靈課在二月底。一月份就有超額的人報名，所以我們定在三月進行第二次課程。金．聖馬丁，一位優秀的通靈諮商師和幾年前一起合作的朋友，邀請我們去達拉斯教兩堂通靈課。我們有些擔心事情會發展得太快，因為我們還沒有把課程架構好。歐林和達本給我們資訊，但還沒有給我們過程。人們從四面八方出現，表示他們對學習通靈的興趣。感覺上我們像是被一道強勁的洪流帶引，只是跟上它是一種挑戰。

我們把所有從歐林和達本接收到的相關通靈的資訊編輯成書，讓參與課程的人能用它預備自己的開放。在狂風暴雨的天氣中，偶爾有幾天溫暖的放晴日，我們會在杜安家後面的小山丘通靈，歐林和達本給我們他們所說的幫助人們開放的過程。

在開課前幾天，歐林和達本建議我們設定白色光泡。他們解釋白色光泡並非用來保護我們，而是用來轉換或改變能量為更高的振動。任何坐進白色光泡的人，將受到幫助而進入更高的狀態。他們解釋，我們可以藉由專心想像自己被白光包圍而創造光泡。他們要我們把玩光泡的大小和密度，讓它變小然後又變大、大過我們的屋子，並觀察我們的感覺。他們要我們在週一的晚間課程觀察它對人們的影響，結果令人驚訝。

那個月的週一之夜，聚會的主題是多次元的自我——存在於更高世界的更大的我們。有人稱它為「本我」。歐林和達本帶領人們做練習，幫助他們向上造訪起因界，甚至更高，去發現他們的本我。當人們在練習時，杜安和我則嘗試運用光泡的意象。當我們感覺光泡很堅固而且我們的能量很集中時，整個屋子的能量似乎提升了，人們會感覺彼此更相愛和連結，並且更有體會。當有人強烈質疑或拒絕進入更高，我們會感覺光泡的晃動。屋子裡的人似乎也都感受得到這種效果。當光泡動搖，他們會更難有體驗或者自己也懷疑起來；而當我們維持光泡的穩定，人們會發現向上移動很容易。

我們開始在上課前幾天就設定光泡，用光的意象為上課空間增加能量。我們開始與人們做心電感應的連結，送愛和支持給人們。用光泡環繞他們，為他們創造一個「安全空間」。我們發現讓人們自己觀想光泡，也會創造同樣的效果。

我們現在有了進行的過程和要給世人的書，歐林和達本說我們已經準備好要教授通靈課程了。我們期盼課程發生，然而第一次上課的前一晚，我和杜安都很緊張。如果我們的指導靈對人們的通靈能力太樂觀怎麼辦？我們等待也期待去知道，人們是否真的能學會和指導靈的口述通靈。

人們的故事：我如何探索通靈

珊娜雅和杜安：

每一回課程的第一個上午，我們會以詢問人們如何被通靈吸引開始。對大多數人而言，作為指導靈的訊息管道是非常令人興奮的事，並代表靈性旅程的下一個階段。對於某些人而言，它似乎是等待多時的事。有些人從未聽說過通靈或指導靈，直到幾個月前，然而當他們知道以後，就明白那是他們必須做的事。許多來學開放通靈的人都這麼說。

來上課的人都是有自發性和自我倚賴的人，他們來自各行各業，有科學家、醫生、律師、生意人和專業人士，還有療癒者、藝術家、音樂家、治療師、上班族和家庭主婦。有些人很早就接觸通靈訊息，但是擱下想要深入探索的欲望，直到孩子長大或有時間投入其中。有些人投身療癒領域一輩子，是執業的醫生、身體工作者、占星師或傳統的心理治療師。他們碰到接觸通靈的機會，並且有衝動想學習更多。他們之中，沒有人計畫讓自己成為訊息的管道，只是它看起來像是下一步。許多人說，他們感覺自己「適應不良」，他們不能了解，為什麼有些人要來地球。但是，他們都感覺一種驅力要做些什麼。他們明白他們有任務或重要的事要完成，雖然有些人還不知道那是什麼。他們覺得，通靈也許能提供一些他們一直在找尋的答案。

他們都對成長和自我改善有興趣，被這個領域的書籍、研討會、老師或課程所吸引。有一些人有過敏或反覆感冒等傳統醫學幫不上忙的毛病，於是轉向另類療法或營養學尋找答案，這讓他們對於「什麼是可能的」擁有全新的信念系統。許多人寧願透過更改信念架構或以正面情緒或改變飲食而找到療癒方式，也不願意吃藥。隨著這個改變，閘門已開，有更多更多的新體驗和信念得以湧入。

很多人說他們是透過雪莉・麥克林（Shirley MacLaine）的書《邊緣外》，第一次知道有指導靈和通靈這回事，她在書裡談到她對通靈的體驗。而當他們閱讀這本書，通靈似乎變成他們想追尋的那一件事。有些人發現夢境變成真實，或者夢包含了強烈的訊息。有些人聽見內在的低語變得很大聲，大到無法忽視。有些人在他們追尋答案的過程中，探索了東方宗教、新時代研討會和課程、以及靜坐和瑜伽等訓練。有些人讀了珍・羅勃茲的「賽斯書」而想要自己連結這些更高的智慧與智能，但是直到最近才認為有可能。有些人聽朋友聊起通靈和指導靈，發現它像敲動了他們心中的那個回答鈴。有些人和別人的指導靈學習了一段時間，現在他們想自己通靈。

很多人處於個人轉換期，恰好離開一段長期關係或打算離開，或辭去多年的工作並進入新的領域。有些人正在經驗他們自己無法解釋的巨大內在變化。許多人開始質問他們一向視為理所當然的事。一次又一次，人們說他們開始踏上一種並不是有意識去選擇的追求，然而卻感覺有一股推力讓他們繼續，即使不知道它會把自己引領到哪裡去。興奮和冒險是其中共同的感受。大多數人的抗拒和懷疑，都不如他們前進和探索自己內在可能性的欲望強烈。

很多人是成功人士，他們已經達成他們的目標並得到想要的一切，但仍然感覺生活少了什麼。大部分的人無法在他們探索過的傳統宗教、科學或心理學系統中，找到他們尋求的答案。他們不一定想要離開這些體系，只是感覺有必要在某些方面增進它。很多人已有宗教信仰。有些傳統的心理治療師發現，他們透過靜坐和其他非正統的形式與人們的靈魂和靈性一起工作，會比只用傳統的心理治療方法更有效果。

所有的故事都出現一種共通性，那就是當他們決定要學習通靈，同時性的事件便層出不窮地出現來支持他們的方向。也許幾天之後，就有一本書或一位朋友提供額外的訊息，或是某個可以和他談談通靈的人的名字就來到身邊。提供答案的機會增多，包括可以造訪的地方和可以經驗的事。彷彿有一股看不見的力量在指揮它們。大多數人會覺得它耐人尋味，而讓自己順隨好奇心和探險的感受引導，更重要的是，他們受成長的喜悅和向上伸展的可能性所吸引。

早上聽完人們的故事後，我們會給他們有關通靈的額外資訊。引導他們經過歐林給我們的過程。歐林會讓他們呼請他們自己的指導靈，並引導他們開放，而杜安則會在過程中監測他們，並透過碰觸打開他們的能量。

下午我們會讓他們為彼此解讀。人們做這件事，要比通靈宇宙智慧的各種主題更加容易。他們的解讀會立刻得到夥伴的回饋，而這似乎大幅增加他們的自信。他們對於一些事能夠提供除了通靈之外不可能知道的資訊，他們發現他們的正確性極大。我們用團體通靈結束一天，請所有的指導靈談談讓許多人學習通靈的目的。幾天後會有一個晚上，人們學習如何為自己通靈並看進可能的未來。每個人都有自己的體驗和改變，這些故事我們會在後面幾章分享。

在接下來的一個半月的時間，我們給了四次通靈課程，每個人都能通靈。從那個時候起，只要人們有興趣，我們就盡可能地開課，大約一個月一次。我們驚訝的是，和我們工作的每一個人都能通靈，他們的成功讓我們很振奮。

第十二章

通靈教學

第一次和指導靈相遇的故事

珊娜雅和杜安：

以下的故事說明一些人們在課程中第一次遇見指導靈時的反應。大多數（超過百分之八十）的人很容易開始通靈，有些人卻會遇到一些小困難。如果你碰上相同的事，每個故事的後面是我們對人們的建議。以下的敘述像是發生在同一堂課，然而那是我們在過去兩年間從許多課程陸續蒐集的例子。你們可以和我們分享開放通靈的興奮，因為它是一段特別的時光，無論你是一群人、和朋友一起或是自己通靈。

通靈課程進行一上午了，教室裡的人愈來愈興奮。歐林和達本兩位高靈一直在運作能量開啟，並預備人們連結他們自己的指導靈。人們已經學習出神狀態、姿勢和位置的調整，可以達成更好的連結。他們已經體驗過對準花與水晶的生命能量，打開喉嚨，運用聲音和各種吟唱及其他技巧，並且讓喉嚨與他們的更高能量中心連結。現在人們正在首次連結他們的指導靈，興奮度不斷地上升。

一位女士淚流滿面。整個上午她都緊握雙手，說她有放鬆的問題和無法向上旅行。我們看著她的指導靈被呼請時愈來愈放鬆。最後，當她的指導靈完全出現，她感受到極大的釋放。她說她的男友剛和她分手，整個星期她一直強烈地感覺自己被遺棄、拒絕和不夠好。她懷疑她是否能夠找到一位指導靈，因為她覺得自己一點也不特別或值得。她的淚是放心和喜悅的眼淚，之後她感覺到從指導靈湧現的極大的愛和保護，彷彿她內在的某個深處終於放鬆和開放了。

歐林指導她，告訴她的指導靈，幫忙她釋放一直背負的情緒傷痛，她的臉慢慢地展現了光澤，很快地她說她感覺像是飄浮了起來。她變得非常地平靜，她的指導靈開始透過她說話。他先表明自己的身分，然後告訴她關於她的關係的許多事——它的更深層的目的，她的男朋友發生了什麼事以及他為什麼要離開。她事後向我們報告說，這是一次巨大的療癒。她明白她經驗了指導靈，因為之前她只感到傷心、氣憤和無法原諒。現在，她明白她的男朋友為什麼離她而去，並且某些悲傷消失了。

歐林稍後告訴她，她已經準備和這位指導靈連結好一段時間了。在學習通靈前，她最需要處理的信念是覺得自己不算什麼，也不會對世界有什麼貢獻。而她已經逐步解決這個問題，因為除非她了解她可以為這個世界帶來不同，否則一個指導靈無法透過她有效率地工作。高層次的指導靈是很有效率的，並且確實為這個世界帶來改變。幾個月後，她告訴我們她比以前有自信，覺得離開關係是好的，她正在讓生活步上正軌，然後再開始約會。一年之後她向我們報告：她換了新工作、搬到新的公寓並且和一位當治療師的男友約會，而他們兩人正在嘗試一起教學的可能性。

如果你發現自己在開放時有情緒，就讓你的感覺流動吧！對你感受的悲傷或喜悅開放。保持平緩的呼吸，並練習放鬆的技巧，像你之前學習的那樣。在你感覺比較平靜之後，你就可以建立口語的連結。要求你的指導靈對於你感覺有情緒的事情，提供更多的訊息，或找一個你感興趣的題目，問你的指導靈問題。

一位高大、持南方口音並帶著愉快幽默感的男士，完全沒有任何心靈或形上學的經驗，來到這個課程想學習他聽說的神奇「新玩意」。他擁有和經營幾家大型的不動產公司和礦產事業，在全世界好幾個地方都有公司，想利用通靈來幫助他的事業。他想學習通靈是因為，他對於成長和找尋答案很感興趣，並對新事物很開放。他練習前面的程序很容易，但是到了和指導靈相見的時刻卻遇到困難。他總是說接觸指導靈的感覺，就像找到一個在舌尖上的字眼，很接近卻碰不到，令人挫折。

這種狀況偶爾會發生，他連結更高次元的渴望很強烈，但是尚未發現向上連結的方法。他從來沒有冥想、閱讀形上學或如此運用意念向上連結的經驗。當杜安和這樣的人一起工作時，他會幫助他們引導他們的能量向上提升，有時候藉由碰觸調和他們的心智和情緒能量，來增強他們維持較高振動的能力。杜安幫助他提升他的能量，直到他的指導靈能夠傳送並透過他說話。對於很多人而言，我們發現我們需要做的只是——告訴他們的指導靈，調整他們的呼吸或提振他們的能量。指導靈會這麼做，或是告訴人們怎麼做，然後他們的管道便會輕易地開放。

當他的指導靈開始講話，這位男士開始冒汗和發抖。當他發現他能處理更高的振動時，這些感覺就開始消退。他的指導靈開始告訴他一些關於如何處理事業的實務細節，他感到很高興。雖然他稍早進入出神狀態的過程不太順利，到了下午他報告說他對出神狀態有了熟悉的感覺。他的指導靈有絕佳的幽默感，帶給每個人歡樂的感受。他在一年後回報說，他收到指導靈對於他所有的生活領域無數的協助，就像是他找到了一個真正關心他的朋友。他說他做生意的決策輕易了許多，而通靈讓他對別人有更大的慈悲和體諒。

如果你對「連繫」指導靈有困難，繼續想像你進入更高的世界。放鬆，打開腦後頸後的區域，想像你讓更大的能量流動，或者要求你的指導靈幫你打開這個區域。練習專注想著你的指導靈並要求他提升你的能量。要求你的指導靈再靠近一點，當你準備好了，想像你對這個連結開放。放一些能夠啟發你的音樂，想一些很美和充滿愛的事。假裝你在通靈，專心想著你想問的問題。這些事都會幫助你擴展意識、提升振動，並且更接近指導靈的世界。

歐林幫助一位還沒有辦法帶進指導靈的女士。她靜坐多年，擔心自己無法發現通靈要求的空間。結果，她發現進入通靈空間很輕易。當她開放自己去會見她的指導靈，她「看見」他高坐雲端而不知該如何讓他靠近自己。她很遲疑這麼說，因為一開始她不確定她想要他更靠近。雲霧開始遮蔽他。她不確定那位指導靈是否友善，或者真的是她的指導靈。歐林要她想像雲霧被陽光驅散，並建議她和那位指導靈說話。她非常猶豫地開始在心裡要求指導靈證明他來自更高的世界，並且懷著良善的意圖。內在對話進行了一段時間，直到她確定他是友善的。然後她讓他靠近她，直到他能透過她說話。對於這次的連結，她很明顯地十分快樂和興奮。她的工作是小丑，幾個月之後她報告說，她在扮演小丑時連結她的指導靈，把他的愛和能量帶給她服務的孩子們。

如果你看見指導靈在某個距離之外，有些人會這樣，花些時間在心裡認識你的指導靈。慢慢來，準備好了再要求指導靈靠近你。

一位女作家，想用通靈完成她的書，因而進入深度出神。她說雖然她可以聽見教室裡的聲音，也感覺到她的指導靈並且想帶出他的訊息，然而她卻無法說話。歐林和杜安都有幫忙她。杜安開始穩定她的能量，他觸碰她的身體的幾個位置，幫助她穩定她接收的能量。當她用意念放鬆身體也可以做到相同的事，杜安告訴她這麼做。追蹤發生的情況，歐林幫她了解她的指導靈的能量非常強大，所以當她開放時，她會感覺像是被淹沒了。那麼多的訊息透過來，像洪水一樣，然而她卻只能得到片段的想法，似乎不具任何意義。

這位指導靈用能量波動的方式傳送訊息給她。當波進來的時候攜帶大量資訊，讓她彷彿溺水一般，不知如何開始；當能量波消退，她又感覺像是失去了連結。杜安和達本幫忙她打開一些能量中心，讓她能處理指導靈的較高頻率。歐林要她挑選一串想法，專注於它。有了這個焦點，她終於能穩定這個傳送。我們知道她後來的確通靈完成她的書，而一年之後有三本書正在進行。除了寫作之外，她還為人們進行很精采的解讀，並建立了一個諮商的服務。

你會知道訊息是否以波動的方式進入，如果此刻你好像得到它，下一刻又好像失去它。要求你的指導靈穩定那個傳送，加快或者放慢它，以適合的方式進行。專注於你收到的部分訊息並開始對它通靈，即使它只是一個片段。如果在你對那個片段通靈之後還是沒有收到任何內容，簡單地等待下一個波動，在它來的時候說出「那一片」訊息就好了。

有一位男士，他是承包商，學習通靈的原因是想轉換工作。他一直想要成為一位諮商顧問，對於自己的靈性成長和幫助別人很感興趣。他從來沒有冥想的經驗，但是已遍讀所有他找得到的關於指導靈及相關主題的書籍。當他要連結指導靈的時候，他無法說話也不能移動。杜安通靈達本來協助他，達本發現他迷失在聲光影像的世界裡。他不斷飄浮，像是身在迷幻燈光秀中。他雖然感覺不到指導靈，卻感到極度的平安喜樂。達本開始指導他的指導靈，用不同的方式調整這位男士的能量系統，並碰觸他的身體的幾個位置來協助這件事。這位男士用內在眼睛看進了更高次元，因為不習慣在高次元看東西而感到迷惑。

杜安繼續指導他運用注意力，他的指導靈也開始做必要的能量轉變。他終於到了一個地方，能看見並覺察他的指導靈為一個具體的存在。最後，他達成了直接的連結。他的通靈十分成功，並且從此之後，他不斷獲得關於生活的很好的建議和指引。一年之後，他仍然兼職承包工程的事業，然而投入更多的時間，為人們解讀和提供自我成長的課程。在指導靈的幫助下，他發現那些總是把他帶回原地的信念和老舊程式，那些他不值得擁有豐盛的想法。他的指導靈給他一些過程來解除這些程式，他也照做了。兩年之後，他徹底離開了原來的工作。現在他擁有全職的教學和諮商的工作，並且前景看好。

如果你陷入顏色、光影和感受中，請在心裡繼續要求口語訊息。用你的意志力和頭腦讓自己專心。雖然迷失在顏色和感覺中不會有任何傷害，卻會延遲你的口述通靈。專心想著你要指導靈回答的問題，把思緒放在那個問題上而非顏色。

一位練達而且受過良好教育的女士來到通靈的課程，因為她被一連串的事件引導而這麼做。她說兩年前，她是堅決反對通靈的，但是她現在迫不及待地想建立這個連結。她擔心自己是課程中唯一做不到通靈的人。當她的指導靈被帶進來的時候，她報告說她沒有任何感覺。

透過達本，杜安能夠看見她的指導靈已經完全出現在她的氣場中。歐林透過珊娜雅告訴她，她的頭腦很明顯地掛在通靈程序上，而阻礙了她通靈的能力。歐林能追蹤人們的體驗，並引導他們離開或穿越它。他給了她幾個問指導靈的問題，並要求她假裝通靈。在這個建議下，這位美麗睿智的回答者，以一種比平常更柔軟和慈悲的聲音說話。然而她持續報告說，在每一個句子之後，有一部分的她會說：「那不是真的指導靈，那只是我。」或「妳在愚弄自己，妳看看妳在說什麼！」她期待感覺巨大的變化，卻徹底失望，因為她完全沒有任何身體感受。

歐林要她在出神中，回答一些個人正面臨掙扎的問題。透過指導靈，她給出十分精闢的解釋，她自己承認那遠超過她認知的任何事。她的同伴問了一些她不認識的人的私人問題，她的指導靈給出精確而有啟發性的答案。儘管在通靈時，她感覺真的有個指導靈，但當她離開出神的狀態，她又開始懷疑他的真實性。她的頭腦阻礙了她。她的指導靈非常強大，他只傳給她很小的能量，以便讓她的能量系統溫和地調整。她的指導靈告訴歐林，她有太多的恐懼，如果太強烈地進入而讓她受到驚嚇，她可能再也不想連結。他寧可錯在太溫和，也不想太強大。

歐林告訴她繼續假裝通靈，並追蹤接收到的訊息。一整天，她持續為別人通靈，提供那些她不可能知道的資訊。儘管她一整天都說那是她編造出來的答案，但是她的理智已經愈來愈難解釋那些精確的解讀。幾個月之後，她打電話告訴我們，她在通靈時有了具體的感覺，並且終於能向自己承認她是真的連結到了指導靈。一年之後，她報告她仍然懷疑，並且說沒有如所希望的那麼經常通靈。然而她說，當她偶爾帶進指導靈為別人解讀時，仍能給出令人驚訝的準確訊息。她說她還在處理她的懷疑，但是她現在認知到——懷疑是她的重要過程，而她的生命中的主要課題，就是學習在任何方面完全信任而非懷疑自己。如果你懷疑自己是否真的通靈，你可以閱讀本書第十四章裡的「把懷疑變成朋友」的部分。

有一位女性藝術家，經營一家成功的服裝設計公司，為了打開創意而來學習通靈。她最大的恐懼在於，失去控制或被指導靈占有。她的個性獨立、意志堅強，喜歡掌控生活中的每一件事。她曾經找歐林解讀，歐林說她會是很好的訊息管道，因為她的聰慧、力求完美和專注的能力。歐林指出，即使是苛求或批判都是有益的，特別是如果她把這些特質用來發展高度的通靈技巧。他指出她的努力、對事情監督和控制的欲望、對細節的要求和渴望成功，都會幫助她成功達成通靈。

她在課堂上非常努力地把事情做得很「正確」，然而她的內在有一個部分總是拉扯她——擔心她的指導靈會占據或控制她。她害怕失去自己而被指導靈「吞沒」。結果，她的指導靈非常溫和地連結她，避免給她威脅或控制的感覺。因為他的溫和，她無法有太具體的感覺，因此懷疑他是否真的出現。她讓自己走進了死胡同，她一方面害怕被控制或指導靈太強勢地出現，而當指導靈不夠強烈時，她又擔心自己是否真的通靈。杜安和達本協助她，幫助她放鬆和調整能量系統，讓它們更開放。達本和她的指導靈說話，並指導他協助打開她的能量，產生很大的幫助。歐林繼續和她的頭腦說話，它妨礙了和指導靈的連結。

歐林告訴她：

「在許多優秀的訊息管道心裡，都有放棄掌控的原始恐懼。掌控對於不同的人，有不同的意思。它是一種感覺，你把事情做得很好，並且以你感覺很好的方式進行。作為一個訊息管道，你會發現，你的挑戰是你的話完全符合指導靈送給你的訊息。你說你的大腦妨礙通靈。讓我們稱讚你的大腦靈活、敏銳和聰明。你精於運用文字，而你的頭腦有能力看見並保留內在畫面和象徵，因此我們發現傳送訊息給你很容易。我們不想接管你或取走想掌控的你。相反地，重要的是規畫這個部分的你做不同的事，讓它幫助你而非阻礙你。我們想要那個喜歡掌控一切的你，小心監督你說的每一個字是否精確地符合指導靈傳送的訊息。再者，在你無意識的狀態，控制你的聲帶會耗費我們太多能量，我們喜歡你有意識的參與，它省力得多。」

她開始更放鬆並進入她的感覺。她的指導靈繼續幫助她解除她的身體中阻礙能量流的地方。她希望有巨大的改變和強烈的知覺來證明指導靈出現，又相當謹慎於如果感覺被控制便絕不允許指導靈進入。

回顧過去，她了解她接觸許多新事物也是用同樣的方式，包括成立她的服裝設計公司。她了解她的模式是在過程中太多擔心與掙扎，即使結果是很有力量和成功的。她用一整天的時間處理釋放疑慮的課題，克服感覺不強烈的失望，放掉擔心太強烈的恐懼。她的解讀始終很好，訊息的品質也很高。

幾個月後，她報告她有一些非常成功的通靈經驗，獲得強烈的感官知覺，和更有信心接受她的指導靈真的出現了。接下來的幾個月，她的事業開始起飛。雖然她沒有像她想要的那樣，花那麼多時間維持與指導靈的連結，事情開始在她的生活中以更輕易和神奇的方式發生。她感覺當她要求的時候，指引會直接傳送到她的頭腦，過去這些必須在出神時才做得到。

一年之後，她的事業非常成功，她必須常常在國內搭飛機旅行。她僱用業務代表並獲得超乎想像的成功。她報告說，她把通靈用在十分實際的事情上，例如幫她決定哪一條產品線會賣得好，是否某一個特定的行程會獲利和值得進行，並幫助她發現可以探索的新事物。她說一點一點的，她更信任她的指導靈，雖然她仍會確定是她在掌握自己的生活，而非倚賴指導靈。在她收到指導靈的建議後，她會謹慎地和確定自己的內在指引，只有在很深的層次感覺對的時候才行動。她說在深思之後，指導靈的建議通常會感覺很可行，而遵循它總是會帶來最好的結果。

一位個性溫暖而可愛的女士來學習口述通靈，她很愛教導她的兩個青少年小孩——相信他們能創造自己的實相。她參與許多博物館和文化活動，以及許多其他計畫。她在多年前參加發展心靈力的課程時，遇見她的指導靈。那時候，她發現她寫下來的訊息似乎來自一個超越她的源頭。那時孩子還小，照顧家庭讓她無暇繼續追求這個，但現在她感覺時候到了。當她的指導靈第一次進來時，她感受到一陣強烈的感官知覺——溫暖，然後一陣暈眩。杜安開始過來穩定她，要她深呼吸，並且繼續開放讓她的指導靈進來。幾分鐘之後，她開始能夠口述通靈。她的訊息很好，她也很喜歡這次的口述連結。

在接下來的幾個月，她了解到她有一個還沒探索的興趣——在身體工作方面。她報名了好幾門課程，並參與許多計畫來增加她在治療藝術方面的活動。學習了身體工作和靈性成長的課程，她感覺現在她處在一段靈性高度成長的階段。她盡可能地學習，希望在準備好的時候向世界展現她的服務。她可以感覺到指導靈的出現，以及想要遵循更高道途的衝動。

如果指導靈第一次進來時，你感到暈眩，你可以改變呼吸和放鬆，讓更多能量通過你的身體。有些人摒住呼吸或呼吸短淺而不自覺，這些都可能造成暈眩。通靈常常讓你感覺發熱，如果房間太熱也會造成暈眩。正常地呼吸，並保持空氣流通，或降低室溫都會有幫助。在任何情況下，這些感覺很少會持續超過數分鐘。

另一位女士，她擅長編織和設計品質很優越的服裝，當她第一次遇見指導靈時說她只看到畫面、影像和色彩。她擔心她不是真的連結到指導靈，因為她的指導靈感覺太溫和與柔軟，而且似乎不能提供語言的訊息。歐林對她說：

「妳溫和柔軟的本性反應在指導靈的本質上。高層次的指導靈，會挑選符合他們的能量和有著相同的成長與光明道路的人，作為訊息的通道。妳的指導靈反應妳的溫和、柔軟和妳待人的仁慈，她反應妳想透過顏色和形式來做療癒的能力和渴望。她會變得多才多藝，除了幫助妳的事業，妳的指導靈還會用柔軟的觸碰和溫和的字眼來做治療。作妳自己。妳有自己獨特的道路，而妳的通靈會自然地展開。」

她花了好幾個月尋找和指導靈一起工作的方法。她持續看見顏色和意象多於文字。因為她把自己和其他得到口述訊息的人做比較，她感覺自己是不是哪裡做錯了。她開始對顏色分析感興趣，並研究如何在服裝和環境布置上運用色彩。她注意到當她在出神時，她能夠看見人們周圍的顏色，最後她開始了解不同的顏色代表不同的事。她接收到的畫面、象徵和圖案變得更加清晰。不再執著於口述通靈，她開始對人們描述她收到的意象。令她驚訝的是，那些意象對人們是有意義的，並且幫助他們以象徵的方式看見他們正在經歷的事。人們能夠運作那些意象而改變他們對事情的看法。

她繼續接收顏色和象徵的訊息，這對她的工作很有幫助。她現在為人們諮商，穿著什麼顏色的衣服去創造特定的心智和情緒狀態。她做顏色的冥想來幫助人們療癒自己，並探索以不同的方式把顏色運用在她的織品上。她說她最大的困難在於，期望她的通靈以特定的形式和特定的方式發生。直到她接受了她對指導靈的經驗，她的通靈經驗才開始成長和開展起來。

如果你接收的是影像和畫面而非語言，你可以從描繪那些象徵和意象開始通靈。指導靈傳送純粹的能量，象徵通常比文字更接近他們的傳送。當你繼續描述那些畫

面，你是在建立與指導靈更強固的連結。當時間過去，你很有可能會直接收到話語，而非需要解碼的畫面。

一天接近尾聲，每個人都接觸到了自己的指導靈，並對於學習的一切和看見的新視野及新潛能得到一些提升，如果沒有那一點驚嚇。我們被再一次提醒，每一個人都是獨特的，以及有各種指導靈和接收訊息的方式。開放通靈也有許多方法。

目前為止，人們最常碰到的起始障礙不是害怕說話的指導靈，而是說話的自己。因為這種恐懼，有些人會撤回他們開始接收的交流。如果你擔心這個，你的挑戰會是——放手說出來你的訊息。一旦你開始說，字句會流動，指導靈會接手，而訊息會愈來愈不像是你的想像。這就像開始推動一輛車，一旦它動起來，再繼續下去就很容易。你需要的只是開始的勇氣，不管你是不是能感覺指導靈的出現。很多人要花幾個月的時間，才能感覺到他們的指導靈。持續練習通靈的人，終究能夠分辨他們和指導靈的不同。

第十三章 開放通靈之後的故事

人們開放通靈的反應

珊娜雅和杜安：

我們並不期待人們的生活會立刻改變，所以人們和我們分享的故事，和那些他們開放後立即感受或發生的事，著實讓我們驚訝。我們開始發現人們的反應模式，相對於大多數人一般習慣的意識狀態，學習通靈要求相當高的專注與保持靈性焦點的能力。我們與你分享人們的回應，讓你明白一些人們的共同反應。

人們開放通靈後的共同反應之一，是密集的夢境。有一位男士，工作是律師，想學通靈是因為，他知道生活一定有比工作更有意義的事。在一般上班時間他只用到左腦——他的邏輯心智，而他希望通靈能開發他的創意。在課堂中他和指導靈連結得很好，他向我們報告，課程結束的那天晚上，他幾乎沒有睡。夢中充滿各種點子，一個接一個啟發他在生活中可以做的事。一旦那個門戶開放，彷彿所有封裝的夢境、埋藏的天賦和許多資源都會開始浮現。通靈讓他和他想要的創意右腦發生密集的連結。

有些人在開放通靈後是另外一種反應——隔天感覺情緒低落。通常這只會持續幾個小時，最多一天。它和有些人報告的那種離開出神時發生的失落感很像，因為他們不想回來！一位經營旅行社的女士在隔天來找我們，她覺得生活沮喪。她說這對她而言並不尋常，因為她平常總是能專心處理客戶、生意和其他需要。她喜歡她的通靈，並對於自己接收資訊的層次和正確感到很快樂。事實上，她並不想停下來，因為通靈的感覺是那麼的好。然而，現在卻什麼事都不對勁。

我們讓她的指導靈說明她的反應是怎麼回事，他回答說，她總是把許多更深的渴望、真正的需要和靈性成長放在一邊，而讓自己全心投入不那麼喜悅和重要的生意業務。當她透過指導靈連結她的超意識心靈，她感覺自己彷彿回家了。相較之下，生活的其他部分便顯得單調無趣。就如同你開始清潔一塊白色地毯，本來整體看起來還不錯，但是當你特別洗刷其中的一個角落，相形之下整塊地毯就變得很髒。

隨著時間過去，當她的內外生活達成平衡時，她了解她確實聽見很大的內在聲音在告訴她，她所做的事情並未讓她感到滿足，也不符合她的內在需要。她一直很忙碌，沒時間聽見更深的核心自我。連結指導靈，讓她開始聆聽更深的自己。重新整頓事業之後，她把一些責任移轉給一位僱用多時的經理人，於是她開始有餘暇培養畫畫的嗜好。一段時間之後，她報告說：很多指引似乎直接進入她的頭腦。她繼續通靈，更正式地連結她的指導靈，她得到許多關於新的生活領域的訊息，並進入出神狀態為人們通靈。她後來說她再也不擔心未來，她只是允許任何她需要的事物來到身邊。

另一種也屬於情緒本質的反應是，感覺到更大的和平和滿足。有一位女士，因為不感覺自己受到支持而經常和先生吵架。在開放通靈的隔天，她領會到一種解放，她不必再捍衛自己或向他證明什麼。她開始放下被忽視的感受，並原諒所有她想像的錯誤。由於不再需要擁握這些來對抗她丈夫對她的冷漠和不了解，她反而能懷著慈悲的心去看待他的生活和他正在經歷的事。她開始有能力感謝和欣賞，他為她做的那些她視為理所當然的小事。幾個星期內，他們有了好幾年不曾發生的首次真誠而親密的談話。幾個月之後，我們收到她的來信，她很與奮地分享：他們的夫妻關係變得非常甜蜜，她彷彿和一個新男人一起生活。

有些人報告，在隔天或一兩天之中出現的疲累和倦怠感以及頭腦的不清楚，像是經過長途跋涉的跑者，他們的心智與靈性的「肌肉」疲憊了。開放通靈的隔天是需要休息的。通靈要求心智的聚焦和覺醒，而大部分的人並不習慣長時間如此使用大腦。這種放空的飄浮感，會在適當的休息或放鬆、戶外散步、畫畫、聽音樂或泡個熱水澡之後減輕。許多人發現，體能的運動會有幫助。這一種疲憊感是暫時的反應，當人們繼續通靈，便會感覺頭腦比以前更清明。

另一些人在通靈之後會感覺能量極度充滿。有些人說，他們在隔天會很想大掃除或去做那些拖延已久的事，彷彿生活突然增添光彩。有些人說，他們很想丟掉那些不符合他們的生活的衣物和用品。因為當你開始通靈，你的振動會產生變化，那些代表舊有的你的事物可能會開始離開你的生活。有些人發現，他們會在幾天內去買風格和顏色不同以往的衣服。他們想要穿得更有活力，似乎那些舊衣服不再能代表他們。

另一種反應是，人們習以為常的事突然變得不同、不尋常或陌生，彷彿他們第一次來到這個世界，或剛從夢中醒來。有一對參加課程的夫婦說，他們在課後一起去吃晚飯，結果食物的味道完全不一樣。他們逛了一下那個區域的商店，他們看見的東西變得很不像真的，顏色特別鮮豔，人們看起來也很怪異。感覺就像他們剛到地球一樣！幾天後他們恢復正常的知覺。他們說太好玩了，希望能享受停留在那種知覺提高的狀態更久的時間。

在通靈之後，人們開始真正觀察和注意周遭環境，而不再心不在焉地行走其中。有些人在課後幾天參加派對或社交活動時，發現自己看人的方式變得迥然不同，無意義的閒話變得更加有意義和沒那麼無聊了，而以前不曾去注意的人變得有趣起來。彷佛他們能夠從靈魂而非人格的層次去看人。

另外一個開放通靈後，人們會有的共同反應是——懷疑自己是否真的通靈（第十四章有一部分在談論這個主題）。有一位優雅的女士，她是運動員，有三個小孩。她的通靈情況良好，和指導靈有很好的連結，但是第二天，她開始強烈質疑她的經驗是否真實。她不斷問指導靈：他是不是真的。有一天，當她開車載著她的孩子，其中一個在前座睡著了，另一個在後座安靜地玩耍，她突然感覺全身通電，有聲音從她的頭裡面跟她說話，告訴她關於她的未來和一些她不知道的事，後來這些事都成真了。

她回來告訴我們，那個經驗太嚇人了，她不再懷疑指導靈的真實性。從此，一個全新的世界向她開放。

還有一些效應會在日後出現。有些人說，他們在接下來的幾個星期都沒有感覺什麼變化，然而，當他們回想時，卻發現不尋常的事。有位女士告訴我們，她原本和一位朋友計畫去沙漠旅行，但是後來她決定改爬洛磯山。當她想打電話問她的朋友是否願意更改計畫時，她的朋友正好打來說她想去洛磯山而不去沙漠。

很多人開始收到老朋友的消息，而有機會解決過去的糾紛或爭執。那些在能量層次卡著他們的事，開始獲得清理和釋放。有一位女士報告說，當她從通靈課程回家時，一位六年沒有聯絡的朋友打電話給她。她們在一次爭吵後和彼此斷絕關係，並且堅決拒絕任何求和的機會。課程結束的那天晚上，那位朋友打電話向她致歉，並探索療癒和寬恕這個過去傷害的可能性。

有時候，會有一些身體上的變化，像肩膀、脖子或上背部的輕微疼痛，反應人們的開放通靈。這些身體層面的疼痛發生的原因之一是，你習慣以特定方式使用身體，然而當你和指導靈通靈時，你用了新的方式使用身體，但是你的肌肉並不習慣這種新的模式，因此有時候會感覺疼痛。要求你的指導靈幫你放鬆，記得調整姿勢、保持舒適。

以能量的層次來解釋，疼痛通常就是能量被局限的地方。指導靈一般從脖子和肩膀的區域進來。當你的指導靈帶進更高能量給你的身體，有些地方會無法承受這麼大的波動。以水管做比喻，一條水管在設計時能承受固定的水流，如果你突然放大每分鐘的進水量，水管將無法處理那些流量，而一些地方會膨脹或扭曲變形。如果指導靈送給你的能量超過你習慣的範圍，要開放這些額外能量很容易，你可以想像——打開你的能量場，並要求指導靈協助你，任何不舒服都會在數分鐘內消失。

有些人在離開出神狀態時，會經驗能量低落、悲傷或情緒敏感。歐林和達本解釋，這是因為你提高的知覺，讓你體驗到一種幸福感、心胸開放以及與宇宙相連的感受，這與人們的一般意識對比很大。很多人一輩子都在他們所謂的「正常」意識狀態打轉，他們相信什麼是他們能擁有的最高感受。然後他們體驗了指導靈的更高實相，了解還有一整個喜悅與寬廣的新世界可探索，這種對比會造成一些打擊。

我們觀察當人們繼續通靈、成長並改變他們的生活和態度時，這兩種狀態的距離

會縮小，人們會開始感覺連貫的更大快樂和成就感，當離開出神時，也就不再有能量低落或悲傷感了。

另一個讓能量下降的理由是——通靈得太多。長時間通靈的能力需要慢慢培養。一個跑者不會在體力還不夠時，就去跑馬拉松。通靈太多的朕兆是出神後的疲憊、躁動、不安、焦慮或像通電一般，彷彿太多能量在全身遊走。如果這種情況發生，縮短出神的時間，做做運動或需要身體的活動、一些不需要聚精會神的事。這些活動會幫忙你釋放過多的能量。

人們一再向我們回報一些小奇蹟，如果有任何奇蹟稱得上是「小」的話：逾期的長期負債還清了、賣了很久的房子突然出現買主、遺失已久的珍貴首飾被找到了……有些人想用「巧合」來解釋這些奇蹟，但是當「巧合」一再發生，他們開始確信，指導靈的臨在和守護。

珊娜雅：

當我開始對歐林通靈時，我只能維持他的能量二十到三十分鐘。一年之後，我才能增加到一個小時。逐漸地，我能通靈更長的時間。在許多鍛鍊之後，我可以一次進行幾個小時，中間休息幾次。也許對你而言，建立長時間的通靈能力會更快、更容易，所以請依循你自己的步調。

杜安：

剛開始我發現我在做身體工作時，可以斷斷續續地保持一個小時的出神和專注。隨著時間繼續，我發現我能保持三到四個小時的出神狀態，全然專注於調整某一個人的能量和身體，甚至感到精神奕奕。

珊娜雅和杜安：

大部分的人在開始口述通靈之後，會在每一次的通靈中改善並強化與指導靈的連結，如果你保持警醒，你會在過程中發現豐富的體驗。

有一位女士，她是一位頗有名望的醫生，來學習通靈是想發現更多方法療癒和幫助人們。她個人經驗過許多次開放，於是想讓自己打開所有的面向，而通靈似乎是合乎邏輯的下一步。她相信，傳統醫學僅治療症狀，而非病因。她希望她能藉由指導靈看見疾病的原因，明白那是出於心智、情緒、靈性或身體的哪一種問題。雖然這些都是剛起步的新觀念，但她學習得很快，並懷抱極大熱情做這些事。她從呼請指導靈進入的那一刻起，便滔滔不絕、流暢如飛，她的指導靈簡直是辯才無礙，對於她和其他人提出的問題，提供非常美妙的回答。

她來自其他城市，當她回家時，她感覺很迷失。她周圍沒有任何認識的人會支持或甚至相信通靈。她充滿疑慮，並懷疑自己會失去和指導靈的強大連結。通靈對她而言是件困難的事，而她幾乎完全放棄了。然而，她發現自己不斷地閱讀每一本她碰到的形而上主題的書，只要書中的主題是她感興趣的。她有點擔心她會讓指導靈失望，於是打電話問歐林，她是否該用意志力讓自己每天通靈。歐林告訴她，她需要擴展觀念以成為她的指導靈更好的管道。而她現在正在做對於發展她的通靈最恰當的事。他告訴她繼續閱讀，因為她的指導靈希望她擴充自己的知識，並且說她想通靈的欲望會回來。

幾個月後，她飛過來參加進階的通靈工作坊，那是歐林和達本鼓勵我們開的課，以擴大並強化人們和指導靈初始的連結。她和指導靈的連結穩固許多，而歐林建議她開始一天用五分鐘通靈，因為這個點上規律的練習會帶給她莫大的益處。

幾個月後她來電說，現在每天的五分鐘變成了半小時穩固而規律的連結。她通靈接收到許多醫學資訊，而開始以新的方式了解人們的身體和能量體。她說她也遇見一些對通靈感興趣的人，並且還成功地引導過幾次團體通靈。

她花了一年的時間考量，如何運用這種更高的知識。之後，她發現「同類療法」，讓她的思維再次轉換。她明白治療人們的身體症狀不過是更大畫面的一環，她理解到身體症狀指出了能量系統的紊亂存在，而在能量層次的治療，將避免它演變成系列的身體問題。當她把這些途徑用於她的治療工作，她的整個生活大幅調整。最後我們聽說，她和指導靈的連結情況很穩健，而且她開始提供同類療法給那些對另類治療開放的病人。她針對療癒和健康通靈了許多卓越的資訊，而我們也期待聽到她在這條道路上更多的好消息。

太古——珊娜雅的另一個次元的指導靈

珊娜雅：

到了第一年的年底，我們總共教導了超過一百人通靈。那一年杜安和我發現，我們有必要定期離開城市，去安靜的戶外空間運作我們自己的能量，並增強我們和高次元的連結。於是我們在春天去了一趟茂宜島（夏威夷，Maui）。在那裡，我們所有的時間都在運作能量和通靈。杜安潛水探索整個海底新世界，在轉換的意識狀態裡待上好幾個小時，這讓他獲得一種完整感。我在美國中西部長大，沒有接近海洋的經驗，因此，學習一個人衝浪和浮潛是很大的進步。我喜歡浮潛，看著杜安消失在海底深處是一件有趣的事。

我們通常在早晨做一下通靈，我們也利用完整的幾天通靈。似乎茂宜島特別的能量和島上一萬英尺高的美麗火山「哈雷卡拉」（Haleakala）把我們的能量提升得更高。歐林和達本告訴我們，這裡有「能量點」，是穿越我們的實相和其他次元的門戶。我們開車探索整座島嶼，感知不同地方的能量並進行通靈，看看我們和指導靈的連結，是否會隨地點、天氣、高度和環境而變化。

在這趟旅程的最後，我有一個很特別的體驗——另一位指導靈「太古」（Tecu）的出現。「太古」以前曾經出現過一次，在我和我的姊妹淘們去考艾（夏威夷，Kauai）旅行的三週之間。在那個更早的年代，他每天早上都會出現，對我們通靈一本關於療癒自己和別人的書，並討論一些宇宙的能量定律。歐林鼓勵我和他連結。歐林說「太古」是一位很高的存有，他們在一起工作。我們之前寫作的那本療癒的書包含了許多很有幫助的資訊。在那次的考艾之旅後，「太古」就沒有再出現過。

「太古」說他是一位掌管時間的神，來自創造一切物質的本質世界的入口。他談到其他宇宙和許多形式與物質的世界。杜安和我都覺得他的資訊匪夷所思，非常迷人。「太古」很幽默，他說他和歐林來自不同地方，並非更高或更低，而是不同。他說我們的世界靠近火山口的部分，是他此時最容易進來的地方，他對我們解說他所在的那個以同時性穿入並穿出地球實相的世界。他告訴我們，與他連結需倚賴我們在特定時間出現在特定的地點才能達成。他向我解釋，我要隨時帶進他是困難的，因為他存在的宇宙和我們的頻率很不相同，他只能偶爾在特定地點「切進」我們的宇宙。

那次的經驗令人著迷。我學到在「太古」的世界裡能量是對稱的。他發現人類的身體對他而言是個詼諧的挑戰，並且體驗我走路是很愉快的經驗。他不知道我是怎麼平衡我那不對稱的身體載具，每一次他試圖走路，我就幾乎要跌倒，直到他終於能抓住與重力平衡的訣竅。在一年前，他穿透我的那個經驗中，我感受到他穿戴我身上過多的「存貨」並嘆道：「它的形體不怎麼好，不過它終會不錯。」的感覺。從此我開始改變我的飲食習慣，並且改造我的身材，而我和他的連結也變得更穩固。

當「太古」觀察我和杜安吃飯，他對我們的營養系統感到驚訝。起初他顯得迷惑，後來他感覺好玩。他說：「現在我明白了，吃飯是你們一切問題的根源。首先你們必須有食物，然後有碗盤，於是你們蓋房子來保存碗盤，然後你必須工作來付房屋的錢，這一切都是因為你們必須吃飯。」他補充說，在他們的系統中，他們只要需要便吸收能量，這讓生活變得簡單得多。

他的幽默感讓人很愉快，我們有時候會笑得在地上翻滾。他看待我們的世界的方式，讓我們重新檢視我們最基本的前提和假設，這全都以一種充滿愛的方式發生。有一天，他透過帶給我們他觀察到的關於地球改變的額外資訊，並鼓勵我們繼續教導人們通靈，因為那將幫助人們適應在地球發生的頻率和振動的改變。

離開茂宜島後他又來過幾次。每一次都是不可預期的。通常是告訴我們更多關於宇宙正在發生的事，並給我們很實際的建議，教我們如何利用那個能量成長，並創造我們的更高目的。

造訪雪士達山

珊娜雅：

杜安和我在八月休息了一陣子，到加州北邊的美麗小鎮「雪士達山城」，在雪士達山腳下住了下來，打算為這本書工作、探訪能量點，並和我們的指導靈做更強大的連結。雪士達山是傳說中「列木里亞人」和許多淨光兄弟的「揚昇大師」們的家。人們說，他們就住在雪士達山上。許多人到這座山旅行，期望能遇到這些偉大的大師，有傳言說，他們會出現在靈性準備好的人的眼前。

我們的舒適小屋隱藏在樹林間，我們在那裡寫作並享受一切的和平與寧靜。我們花了幾天在外面露營、爬山、通靈、健行和跑步。杜安去攀登一座一萬四千呎的高山，這需要相當好的登山技巧，他的體格也因此改變。

我們從未真正遇見那些特別的存有，但是我們和歐林與達本度過一段十分美妙的時光。山的力量非常強大，讓我們與我們的指導靈有更穩固的連結，和更好的向上伸展的能力。

杜安很期待這一次的攀爬，天氣變得好極了，他從九千六百呎高的露營地開始爬，要爬六個鐘頭才能登上頂峰。在那裡他可以遠眺西邊海岸，也可以欣賞東邊的綿延山勢，每個方向都可以看見百哩之遠，毫無阻礙。

他在山頂對達本通靈。待在家中的我，突然感覺一陣巨大的能量湧現，我立刻停下手邊的工作，閉上眼睛。我感覺彷佛我也在山頂，並且能清楚地看見一切。

我原本不知道杜安何時會到達山頂，但是當我們後來比對時間，我突然湧現的知覺和被傳送到山頂的感受發生的時間，便是杜安開始通靈達本的時間。我所描繪的景象和看見的地方，正是杜安在山頂看見的景色。

我們發現，透過通靈，我們有更強的心電感應連結。我們有愈來愈多的經驗以直覺連結而能覺察彼此，即使相隔數英里之遠。許多一起通靈的人們也告訴了我們相同的經驗。

第4部

開展通靈能力

第十四章

通靈——巨大的覺醒

一條加速成長的靈性道路

珊娜雅和杜安：

人們在會見指導靈之後得到這麼多的擴展經驗，他們想要一個定期聚會來分享並探討這些美妙的冒險，於是我們開始了每月一次的聚會，讓人們有機會繼續開展通靈能力，並讓歐林和達本回答他們的問題。從他們的經驗，以及歐林和達本回應他們的答案與資訊之中，我們對於開展通靈能力和它對人們的生活影響有了許多學習。

歐林和達本：

一旦你帶進一位高層次的指導靈或連結你的靈魂本我，你便置身於一條快速成長的道路。開放通靈讓你在你的超意識和普通意識之間，創造一條更大的連結，這個開放會產生或加速靈性的覺醒，而你的指導靈將協助你的覺醒。他們幫助你體驗更多的喜悅、更大的自信，並更覺察你是誰。當你和指導靈一起工作，你會發現生活的轉化和改變。這些改變或許並不劇烈，但是在一段時間，或許數月或數年之後，你會以一種嶄新的方式認識自己。

通靈後，人們經常對他們的生活和內在啟發感到興奮

任何的新開始都會有這種能量強烈的特質，經歷一段特別充滿興奮、洞見、自我實現和渴望改變的時期。人們報告在開放之後，他們對身旁的每一個人都有極大的愛，他們感覺到一種完整和與宇宙的合一。他們感覺自己彷彿能做任何事。生活中的每一件事都沾染了一種特別的氛圍。就像初戀的感覺一樣，人們覺得自己像是活在雲端。他們以一種全新的方式覺察自己和周遭的世界。

這段時間長短不一。如同潮汐，生活在開放後仍有起落；那是一段你更新普通實相的時間。你也許需要轉換工作或關係，你也許有些私人議題需要面對或解決。這些

更新的過程和你的每日生活，也許看起來像是能量的耗損。請明白，這個過程——建構外在形式以符合你的內在新層次的光——未必讓人興奮。它可能會引發一些不愉快的事。但是在真實世界做出你必須做的改變，最終會增強你的通靈與連結，而那種興奮感將會放大數倍後再度出現。

靈性覺醒是一種週期性的循環，就像大海中來來去去的波浪。有些浪濤又大又長，有些浪頭小但反覆不絕。在第一個階段的興奮期之後，通常是一段整合期，在其中，你的洞見會進入更深的層次，並融入你的其他生活。那些一開始用熱情擁抱通靈的人，這個階段會通靈得少一些。

連結已經在某些地方建立，現在人們需要在下一次連結指導靈進入更高空間之前，把這種新的開放整合到生活的所有領域。他們也許會投注能量，將日常生活與更高願景結合，或把焦點放在讓生活以更好的方式運作。如果你後來不像一開始那麼經常通靈，別認為自己有什麼不對，這段期間可能有很深的內在改變發生。有時，也會有外在改變發生。

這段期間，事情將由內向外而非從外向內變化。你正在將更高的振動整合到生活的所有層面。有時候你努力想找尋問題的答案，很可能做不到，直到你放下問題去做別的事，答案卻突然出現了。就好像你的頭腦在你做其他事情的時候，在內在自行解答那個問題。通靈也是一樣的，你可能會暫時休息，然而當你稍後回來，你會發現你連結的情況比之前更好。

在初期的開放後，通常會跟隨一段消退期，讓你能重新檢視並質問你的生活，整合你的新智慧。你甚至會停止通靈。請信任這個暫時的狀態。當你準備好對通靈做更大的開放時，你很可能會發現你與指導靈的連結更深、更清晰也更強大。

通靈給你需要的工具去找尋你的答案

人們對通靈常抱著不正確的期待。有些人以為，通靈會讓他們連結一位睿智的高靈，為他們解決一切問題，於是他們可以袖手旁觀或完全不改變。他們後來會發現，應該學習的事都得學會，他們必須為自己的進化負責並管理自己的生活。當人們接受指導靈不會為他們解決所有的問題，而僅提供他們需要的工具去解決自己的問題時，通常會調適得很好。通靈不會取走你的成長課題或機會，但它確實能讓你看得更清楚，讓你能採取更適當的行動，並帶著喜悅與自在完成事情，而非痛苦與掙扎。

當最初的興奮感消退時，生活中許多你忽視的課題，例如：早就想離開的工作或無法滋養你的關係會變得難以忍受，並且似乎要求你要立即有所行動。

通靈會為你指出生命活力和成長的方向，任何干擾你體驗它們的事會變得痛苦而明顯。你可能會對於你想要的事情有更清晰的畫面，因為你能用更高的觀點來看你的生活，而你明白什麼是可能的。你很難否認你有能力創造更美好的生活。即使你也許並不是立即清楚事情怎麼做。

如果你總是壓抑你的感覺，過著不適合你的生活，困境很可能會立刻出現。你也許會發現衝突浮上表面，這是為了讓你看見它們。請記得，當它們被看見時，你就有辦法解決它們。有時候老課題會再次浮現，是因為你在新層次的光中，它們更能被完全解決而歸於平靜。

當這些問題浮現時，人們也許會試圖否定，他們在通靈中看見的實相或體驗的真實性。我們發現疑慮、抗拒和批判，在這個階段出現得最為密集。因為有一部分的你，也許想回到那個陳舊、舒適或至少熟悉的實相當中。然而，由於你已經看見你的新願景，要回頭接受那些在生活中一直行不通的事，幾乎變得不可能。

有時候人們會因為他們沒有更早採取行動、活出新願景而為難自己，甚至貶抑自己。請對自己好一點。每件事都有自己的時機。在這個階段，有時候人們會認為自己沒有意志力，感覺他們應該為自己的生活多做些什麼。他們可能會猶豫不決。經驗了更高的實相，有時候他們會對痛苦或負面的事無法忍受或極度敏感。請記住，這是人們密集自我檢視的期間。你的人格或許會拿你潛在的新實相與你的生活作比較，並找到你缺少什麼。

有些人覺得通靈後事情會不同，覺得他們應該不必考慮自己的現況、技能、優點和缺點就去做任何事。但是，他們會發現他們還是得處理自己的現實生活。有些人的能量充沛，同時為生活帶進太多事。他們做了很多規畫，執行許多新計畫，投入許多事務，後來，發現他們只有一定的時間和能量，必須集中目標而非分散能量。

我們看見這些情況在所有行走靈性成長道路的人身上出現，程度因人而異，但它們並非專屬於通靈才發生的情況。它們可以發生在——每一個向超意識實相開放，並丟下人格去連結更高次元的人的身上。

通靈將幫助你做到你想要的生命轉變

在這個階段之後，通常是一段創意和靈感爆發的時期。那是一段執行、完成和結束的階段，實現你想要的事。它經常會從消除阻擋你感覺喜悅的事開始。你也許會經歷一段放手期，甚至有時候，你仍有情緒擺盪，或在亢奮、自信與不確定之間搖擺。你會逐漸感覺充滿活力，並能掌握自己的生活。這是一個你對內在指引發展信任的階段，你不再倚賴人們的權威。然而這並非一夜之間便能成就的事。但是當你通過這個階段，你會發現自己在許多方面變得很強壯。它像搬家——舊家具打包裝箱，而新家具還沒有來。在舊有的事物離去而新的事物還沒到來的期間，你可能會有些迷惑。但是事後，當每一件事就定位的時候，感覺多麼好！

把懷疑變成朋友

歐林和達本：

懷疑通靈的真實性是很平常的。諸如：「我真的做到了嗎？」或「真的有位指導靈出現，還是這一切只是我的捏造？」等的問題，會是你在首次開放時產生的疑問。一般說來，懷疑是你的保護裝置，來自你從父母和社會得到的程式，為了幫助你選擇接受的資訊。你常常被告知要小心、謹慎、要提防壞人。懷疑可以是你的朋友，保護你不墜入深淵，直到你獲得足夠的探究，明白它是否有價值以及對你而言是否安全。

當你到達遇見懷疑的靈性覺醒階段，有很多的方法可以處理它們。如果你知道為什麼懷疑會在你開放通靈後出現，或許可以幫助你應付它們。當較高的自我被啟動時，較低的自我也會被啟動。我們用「較低」這個詞，來描述那些還無法感覺與宇宙的創意智能連結的你，那些並不感覺被滋養或疼愛的你。

想像你的人格由很多部分組成：智慧的你、懷疑的你、自信的你、慈愛的你、喜歡掌權的你、聽命服從的你……在你的所有部分之間，存在一種細緻的平衡。那個喜歡放縱、總是玩樂的你，被一向保守、努力工作的你所平衡。諸如此類……

有一個部分的你想要快速成長，而有另一部分的你喜歡穩定、不喜歡任何改變。當你通靈，那個渴望快速成長的你受到支持，導致攪亂了這部分的你與那個喜歡安全和負責讓你保持務實與穩定的你之間的平衡。這個安全的你總是守護你，認為如果那個成長的你太有力量，可能會讓事情失控，而太快做太多改變。於是這個保護的你可能會藉由製造抗拒，來破壞你向上提升的努力。它有許多配備可以阻擋你，例如倦怠、懷疑或失去耐心。

你的懷疑是想幫忙你

有時候你的懷疑設法讓你慢下來，讓你不要做那麼多的通靈連結——否則你會，是要讓你的人格有時間去調整、整合並迎頭趕上你在生活中的一切變化。你以對你而言適當的速度去成長。有時候，當你想要超越那個對你很好的速度，你會在一時之間帶進太多光。你看過太多的光在身體上產生的效果——在防護不足的情況下，在太陽底下躺好幾個小時而被曬傷。最好的方式是，逐漸適應那個光，讓每一個部分的你有調整的時間。當你通靈，你為生活帶進更多的光。它可以是一個溫和而安全的過程。有時候你的懷疑就像是保險絲，讓你不至於燒壞整個電路。如果你做了太多通靈而不聽任何讓你慢下來的訊息，你的懷疑就會介入來阻擋你。

還有另外兩種內在「人格」會發現它們的平衡被通靈所擾動。其一是，相信指導靈並幫助你通靈的人格。這個人格願意幫助你旅行超越你所知的實相。另一個人格則說：「我只相信我能夠看見、碰觸、感受、品嚐和聽到的一切，其他的我都不相信。」這一個「證明給我看」的人格，也會在通靈過程中被啟動。它要的是，足以證明指導靈是真實的證據，而它會製造你的內在衝突，引發你對通靈和指導靈的懷疑。當你帶進的資訊挑戰你的信念或擴大你的想像力時，這種衝突就會發生，甚至它也在你帶進簡單而實用的指引時發生。

你要求指導靈給你一些驚人的訊息，好讓你信服你確實接觸了高的次元。當我們給你，你懷疑它是你虛構的；當我們給你平凡而簡單的建議，你又想，這是我在哪裡讀過的東西，這是我已經知道的事。要說服你相信我們的實相很困難，因為你的理性頭腦，可以把每一件我們告訴你的事，解釋為你已經知道的事。我向你保證，我們知道你在經驗什麼。我們不會因為你懷疑我們的真實性而感到冒犯，我們只會送給你慈悲和愛。如果你可以體會我們給你的愛，即使只有一小部分，你就會明白我們以任何可能的方法幫助你。我們不會批判或挑剔你。

你懷疑通靈的原因之一是，你可能也懷疑自己。如果你不習慣信任你的內在訊息，那麼你可能很難信任你的通靈。因為它們都來自內在。處理自我懷疑最好的方式之一是，回顧過去所有你信任並遵循內在訊息因而事情變得很好的時光。如果你產生了懷疑，繼續保持練習。當你繼續下去，你會得到一些小小的確認，告訴你你真的在通靈。如果你感覺沒有能量通靈，或是某天或某個星期不適合通靈，那麼請尊重那個深處的感覺，因為它也許在保護你免於開放得太快。

要處理你的各種「次人格」間的內在衝突，你可以看看你以前做過哪些你貼上「不高」的標籤，卻讓你保持放鬆的活動。在這段期間，人們會以各種方式處理他們的抗拒，有些人看電視、放空和無所事事。他們可能用各種方式表現叛逆，例如停止運動計畫，暴飲暴食或吃得很差，或做一些其他的事把你帶回那個老舊而熟悉的實相。看起來，他們好像走上了回頭路。有許多方法可以中和你擴展的意識。有些人發現，自己需要更多睡眠，有些人發現，會有一陣子做什麼都可以，就是不想通靈或做任何與成長有關的事。如果舊習性再次出現，別擔心，那個喜歡安全、不願改變的自我，正在試圖為你維持舊的平衡。在你採取任何行動改變之前，觀察這個舊模式一陣子。記住，這是你們向更大層次的光開放時會有的反應，不僅僅是因為通靈。

如果你懷疑你是否真的通靈。賦予你的懷疑一個新角色，要求那個懷疑的你，幫你監看你的通靈。看看你是否精確地傳送訊息，並確認你接收的是最高的指引。問自己，那些帶進來的資訊是否有用。處理懷疑最重要的一件事就是，別讓它們減損你的喜悅。

你可以為那個對改變表現抗拒、懷疑或威脅的自己命名。和它聊聊天。問它想要為你做什麼好事？你會發現，它只是想要你保持先前對實相的觀點。它認為你在「現實」世界會比較有效率。你當然不會想要解除這個次人格的活動，相反的，你會想要讓它看見你要成為的樣子，一個新的、更高的願景，並徵召它協助你到達那裡。請它幫助你，以更簡單的方式運用你的通靈，去完成一些實際的事。

把懷疑變成激勵你成為更好的管道的正面力量

為了把懷疑、抗拒和恐懼的聲音帶進光明之中，需要的是你不過度注意它們。不要怪罪它們或害怕它們，也不要給它們太多力量，以至於讓它們阻擋你。當你聽見那些懷疑在說：「我不是真的在通靈。我做得不夠好。」你可以停下來問問：「是誰在說話？」還有：「你想要什麼？」對待這個聲音像是對待一個需要保證的小孩。懷疑是無妨的。幾乎每一個人都會走過心存懷疑的時光，即使是最精細、最有經驗的訊息管道也一樣。你並不寂寞。

當你到達一種新的通靈層次，或進入另一個境界的靈性覺醒，即使你已經是一個很有經驗的靈媒，你可能還是會發現懷疑出現。卓越的訊息管道和平庸者之間的差異是——前者會繼續通靈，不讓懷疑阻止他們。那些會問：「我如何能變得更好？」的人，會把懷疑變成正面的力量，而能帶進與指導靈更好和更強大的連結。懷疑的那一面並不是想破壞你，它只是在尋找方法，整合它對世界的舊觀點以及你在通靈時獲得的新視野。一旦你賦予懷疑新的角色，它們將幫助你向前邁進，而非阻撓你。

珊娜雅：

一位男士，經營連鎖店的生意，在開放通靈之後來找歐林解讀。即使他已經通靈帶進很好的資訊，卻仍然不斷地懷疑它的來源。他認為那是他自己虛構的。他說通靈帶給他全新的視野去看他的工作和他的員工，並帶給他一種新的層次的內在寧靜，他真心想要放掉他的懷疑。因此歐林請他，對他的懷疑自我說話。於是，他理解到他堅強而務實的那一面有備受威脅的感覺。是這一個部分的他讓他的事業成功，而這個他並不想受制於那個新的，像是隨時有可能墜入深淵的、大膽的他。

他要求那個懷疑的部分小心地監督他的通靈，好讓通靈以實際的方式幫助他的生活，並要求他幫忙檢查他對指導靈的傳訊是否正確。這個懷疑的部分似乎很快樂地接受新工作，而他的疑慮便消退了不少。歐林讓他的指導靈對他談談這個議題。他的指導靈問他：「這是你還是我在講話？這種擔心持續了許久，但是現在已經不重要了。告訴你的頭腦，把焦點放在你接收的訊息上，決定是否用得上那個訊息。如果你讀到有用的資訊，你很少會問是誰說的。你接受它是因為，它讀起來像是你內在的真理。對通靈做同樣的事。」這段話以及之前的處理造成了轉變，讓他能夠繼續通靈，並且放下之前那些喋喋不休的懷疑。

通靈只是你的想像嗎？

歐林和達本：

和指導靈通靈常常會要求你擴大想像力。你們有多少人被教導要信任你的想像力？大多數人普遍相信想像力是不可信任的，只有科學證實為真的事才是可以倚賴的。然而，你們最偉大的科學發明，卻來自想像。

學習信任和尊重你的想像

愛因斯坦「發明」相對論，然後才用數學證明它的可行性。愛迪生「發明」電燈泡和留聲機，在他真實製造出成品之前，在他的腦海中看見它們。他如此相信心中的畫面，為了創造那個電燈泡嘗試了上百次，並且持續不輟，即使每一個人都告訴他：他不可能成功。存在你們的實相中的每一件事物，在它們存在之前都只是一個想法。

你能理解你的想像力有多麼豐富嗎？你的想像力可以讓你連結其他的宇宙。它能帶領你穿梭時間回到過去，造訪未來。它能為你連結你的大我心智，並創造它所專注的一切。想像力可以幫助你出體旅行。如果你想要，你可以投射你的意識，運用想像力去造訪一些地方和人物，即使他們離你很遠。當你的想像力開啟，你可以旅行到許多的實相。你的想像力可以超越物質，它是你擁有的最高的能力之一。它給與你超越你的普通知覺的願景、夢想和覺察。

你感覺你「虛構」了什麼，並不代表它不是真實的。實相始於你的內在。當你開始經驗通靈，它感覺起來像是你在運用你的想像力。想像力的振動比頭腦還高。它比你的實相的限制和架構更自由，它能持有對你的頭腦而言顯然不可能或不尋常的想法。你的想像力是進入更高實相的墊腳石。繼續通靈，用你的想像力去表達你的指導靈的訊息，你將發現，你在帶進愈來愈多深刻而寬廣的資訊。

你和身體的新關係

歐林和達本：

當你通靈，你向更高的振動開放，你會開始改變身體的分子和細胞結構。簡言之，你在為你的細胞帶進更多的光。你也許會渴望特定的食物或想吃得不一樣。通常在你開放之後的幾個月內，會伴隨一個身體的釋放和淨化的過程。你也許會很想做身體工作，或改變運動習慣或營養需求。你可能更喜歡待在戶外。也許你注意到氣味變得更濃烈，或發現你的觸感更豐富。你或許對身體有更大的知覺，聽力和理解力變得比以前更好。每一個人的變化都不一樣。有些人變胖，有些人變瘦。你會重新定義你和生活中的許多事物的關係，包括你的身體。

當你通靈，你為身體帶進更多的光

帶著你的身體一起旅行進入這些更高的振動很重要，你會希望你的身體狀態和靈性狀態協調一致。並沒有什麼特定的飲食組合和運動內容是為這個而設計的。我們建議你跟隨你的內在衝動，並讓你的指導靈幫助你。

歐林：

幾年前，當珊娜雅開始通靈時，她決定要完全改變飲食，戒糖、酒精、肉類和咖啡因，只吃健康食物。當她坐下來要求我的建議時，我幽默地說，我覺得她試圖在一夜之間完成五年才能做到的振動的改變。當你在飲食或運動上劇烈變化，你的身體振動也會改變，於是你的外在世界沒有適當的形式去支持那個新的振動。她的活動、朋友和她花時間的方式全都符合她的身體振動。身為指導靈，我們看見當外在實相與內在實相的分裂太大時，通常舊的方式會獲勝。珊娜雅執意進行她的健康飲食計畫，兩週內，她感覺煩躁不安，很不舒服。她感覺外在世界什麼事都不「對勁」。

她有兩個選擇：徹底地改變外在世界，把每件事都連根拔起重新改造，或者，重新回到她的舊習慣。我慈愛地告訴她，當她回到舊有的習慣，別認為自己是失敗者。然而，一次改變一件事，溫和而有愛心地對待身體。現在，七年過去了，她大部分的

習慣都轉變為更高的表現（她承認自己仍熱愛巧克力）。改變會輕易而溫和地，一步步達成。你不需要和她做相同的改變，每個人的身體不一樣。

達本：

杜安發現飲食不會影響他維持更高振動的能力，運動和直接對他自己做能量工作才會。他發現愈來愈多的方式，運用我們在一起的工作、控制身體能量，並調和他攝取的飲食與他的身體達到和諧。透過這種調和，他能讓身體進化而不必改變飲食。並非只有一種對的方式。為你找到自己的真理並遵循它。

歐林和達本：

記住，你不需要戒掉任何習慣。你只需要轉化它在生活上表達的方式。你對糖的渴望可能是一種情感需求的不滿足。追求情感的滿足，而別用意志力禁止自己吃糖。你對菸的需要可能反應了一種對深度呼吸的渴望，而抽菸是你發現這麼做的最好方式。別只是停止吸菸，留意多做深呼吸。你可以提升你的習慣進入一種較高的表達形式。習慣總是企圖提供你什麼正面的事情。與其否定你的習慣，不如對它們的更高展現要求指引。一旦你發現一種習慣的更高表達，它的舊形式自然就會改變。

有一個我們經常用的練習是，讓人們想像一個時鐘。中午十二點是它開始的位置，傍晚六點在中間，晚上十二點它到了最高、最進化的位置。閉上你的眼睛在心中想像這個時鐘，如果它的時間等於你進化的程度，那麼當你觀察你的身體，你的身體是在幾點鐘？你的情緒發展是在幾點鐘？幾點鐘最能代表你的心智發展的情況？你認為你的靈性發展又是幾點鐘？注意在什麼地方，你的時間差距有三或四個小時之多。也許你感覺你的身體在四點鐘，而你的心智層面在九點鐘。如果你想要為生活帶進平衡與和諧，要先專注於進化你的身體。

有一位女士發現開放通靈快速地改變她的生活。她做到她想了很多年的事——減重三十磅。在沒有節食的情況下，她在六個月瘦了這麼多。因為指導靈協助她將能量流通全身，而幫助她降低對甜食的渴望和減少食慾。她說這是她在許多年間，第一次感覺食物不再主宰她的生活。

第十五章 強化你的通靈

你有多常通靈？

歐林和達本：

很多人問我們，應該如何保持規律地通靈，才能和指導靈發展強大而清晰的連結？「規律」可以定義為，每週一次或一天幾分鐘。你可以針對某個主題做週期的規畫，也許一次幾個小時。不過，別讓它變成一件「必要」或「應該」的事。只要你感覺很好，次數和時間長短都是不拘的，最重要的是跟隨內在的喜悅。當你向高次元開放，你心中可能會有一種對通靈的渴望。如果你發現自己不如希望的那麼經常通靈，用意志力來維持練習是可能的。然而我們發現，當通靈對你而言是愉悅和有用時，會有最明顯的成果。有些人發現每次五分鐘，一週三、四次的練習便足以維持和指導靈強大的連結，並持續帶進實用的指引。

會有一些日子你感覺連結強大，你的狀態開放，接收情況良好，訊息流暢無礙，你充滿靈感。也會有一些時候你感覺連結困難、訊息模糊不清或沒有靈感。即使隨著時間過去，你還是沒有建立連結，那麼因為影響的因素很多，不要責怪你自己。可能傳送變化了。當很難建立連結時，你可以把注意力先放到別的地方。你也許需要改變場景，多做運動，或是更多的睡眠。也許你需要休息一陣子。我們的世界有時候會有磁性風暴或干擾，讓連結變得微弱。如果你發現通靈有困難，換個時間再試一試。

人們對通靈的體認是，突然流入的點子、洞見、創意和清晰的指引

也許你會發現，當你做那些讓你放鬆或提升知覺的事時，很容易進入通靈空間。然而它總是在你的控制之中。它或許在你運動、跑步、沐浴、聽音樂、做晚餐、看電視、祈禱或靜心的時候發生。你感覺輕鬆而平靜的時刻，就是你與指導靈或你自己的內在知曉最容易連結的時刻。

杜安：

一開始，我發現和達本每一次做簡短的通靈最好。這給與我時間去適應通靈會引起的身體和人格的變化。一次增加一點，負擔不會太大。我喜歡隨身攜帶錄音機，如果我必須等待開會，就會利用五分鐘的時間通靈。達本總是能銜接上一個無論任何他談論的主題。我發現把通靈用在生活的事情上，是一種增進連結的方法。通常一星期我會做幾次半個小時的通靈，帶進一些科學方面的資訊。有時候，我會挑選我知道不多的主題，自己先思考，然後問達本關於那個主題的問題。我在和達本通靈時會獲得新的觀點，學到一些自己從來沒有想過的事。這些都幫助我強化我的連結，也幫助我相信，我的通靈的確是有價值的。

強化連結

歐林和達本：

為了增強你和指導靈的連結，你可以想著你的指導靈或想著他的名字。你不需要做更多事才能帶進指導靈的光與愛。你可以學習閉起眼睛呼請指導靈，利用短暫的時間要求指引，或給你一個立即的對或錯的提示。你可以在排隊結帳、開車或走路時這麼做。你可以隨時帶進你和指導靈的連結，時間的長短無妨，三十秒或三分鐘都可以。這種連結不需要很長的過程。利用這種方式做連結而非進入正式的出神狀態的好處之一是，你可以在上班、開會、公開場合，事實上，隨時隨地都可以這麼做，為你帶來你需要的額外靈感或指引。

當你繼續通靈，你會發現你連結的能力增強，你能帶進新層次的智慧。在你培養通靈能力的過程中，會發生一連串的改變。當你變得愈來愈習慣高次元，學會旅行進入它們並擴大你連結的振動，以及當你的訊息管道變得愈來愈開放，你可以在純粹的能量層次帶進更大的力量。

當人們進入新的通靈層次時，有時會在事後感覺躁動不安，即使是很有經驗的靈媒也一樣。當你的變化在更高的振動發生，它有時候會觸發如同你首次開放一般的成長過程。這種躁動不安，通常是因為你帶進了超越你習慣的更大的能量。

不需要等心情好才通靈，想要就可以

即使在你的情緒低落、心情煩躁時，你還是有可能接觸你的指導靈。然而你確實必須願意保持好心情。因為你一旦開始通靈，你會很難心情不好。從指導靈的視野，你可能會看見你和人們的觀點，或了解你要從這個情況中學習什麼，以及你參與創造的部分。從這種更高、更慈愛的觀點出發，你很難再保持憤怒與封閉。

接收更具體的資訊

歐林和達本：

藉由讓人們提問更具體的問題，你可以接收具體的答案或釐清人們想知道什麼。當人們問的問題很籠統，例如：「告訴我關於約翰的事。」很多指導靈會先釐清他們與約翰的關係，以及他們想知道關於他的什麼事。如果有人說：「談談我的工作。」指導靈會問：「你特別想知道關於工作的什麼事？」要收到特定資訊，端賴你放鬆和

信任接收資訊的能力。

指導靈運用能量很精簡

指導靈講究能量效益。我們做事很簡單，儘量不消耗能量。我們可能看見某個人的每件事或是他們的工作，然而這些事情陳述起來耗費很多時間。最迅速並節省能量的方式是，讓提問者精確提問他想知道的事，並只問這個問題。這會幫助人們看清楚最重要的課題是什麼。一種獲得詳盡準確的答案的好方法是，設法讓人們告訴你的指導靈他們想知道什麼。

另一個挑戰是，你對傳達的細節的信任感。你的頭腦經常會跳出來阻擋你的路。你也許會收到來自指導靈非常具體的建議，但你因為害怕它是錯的而不敢傳達它。這是妨礙訊息精確的阻礙之一。記住，你通常用右腦接收通靈訊息並從左腦傳達訊息，因此對於正確通過資訊的細節而言，轉譯的能力很重要。一般而言，不帶具體細節的資訊一開始比較容易接收，然而透過練習和信任，你會對細節愈來愈有掌握的能力。

珊娜雅：

當我開始對歐林通靈時，我很在意他的訊息對人們是否有用和有價值。很多來解讀的人的正面肯定，讓我對歐林指點人們的人生目的和方向——所做的具體建議的正確性和價值慢慢有信心。然而，歐林有時會對個人提出很細節的資訊——對於關係、新家、尚未發生的假期或一些我不可能知道的事。我很擔心它們正不正確，有時候我會故意不說。然而就如同人們報告中提到的那些諮詢人生目的的智慧一般，我發現歐林的細節也很正確，於是我慢慢地建立了對他的信任感。回顧以往，我不知道自己為什麼要這麼擔心。從我那時候的角度來看，我不知道那些細節是對還是錯，所以需要很大的信任去傳達我接收的內容。

現在我可以輕鬆地傳達從歐林接收到的一切。資訊來得如此快速，我甚少能在他說話之前知道他要說什麼。他傳送訊息給我，並在我能思考之前的幾分之一秒便透過我的聲音出去了。歐林本來不是這樣傳送的，直到我對他的訊息的正確性有足夠的信心，並願意不檢查任何句子就讓它們說出去時，他才這麼做。我沒有辦法增加或改變他的訊息，但我可以不說或是切斷那個資訊。記住，有意識的通靈，相對於無意識而言，會給你在通靈時一邊學習的機會。然而，清醒的通靈同時也給你兩項挑戰——讓訊息能流動進來，以及負起正確傳達指導靈訊息的責任。

杜安：

當達本第一次進來，我告訴他：「我要自己處理我的生活，我不要你的涉入。」達本對於給與我科學方面的資訊、解釋地球的改變和談論各種理論都非常精采。幾個月之後，我想要達本給我一些對於生意決策的細部建議，他不肯這麼做。我開始去想，是不是我和他的連結不夠清晰，而且我也開始擔心，我是不是沒有能力接收關於生活細節的資訊。

在我花了六個月的努力，試圖接收有關個人的具體訊息後，我問達本到底什麼地方出了問題。他告訴我，是我要求他不要給我任何具體的細項資訊，他只是遵照我的意思。我告訴他，我改變心意了，我現在願意獲得關於個人的指引和具體的資訊。從那之後，他才開始精采地給我關於特定事務的具體建議。我的經驗是，指導靈非常敬重你的個人範圍和要求。他們不遺餘力地尊重你和你的生活。

指導靈接近你的其他方法

歐林和達本：

除了直接和你通靈之外，我們還有其他方法帶給你更具體的資訊。我們不會浪費珍貴的能量，我們盡可能用最容易的方式來完成事情，如此我們一切的可用能量都會帶來最高的益處。

指導靈用許多方法接近你

你也許會發現在你通靈接收某些資訊後，相關的書籍就會被送到你的面前來，或有人來和你談起不久前才接收的內容。當杜安和珊娜雅開始針對地球變化做通靈的時候，每一次他們碰到需要額外解釋的部分，幾天內他們就會收到一本書，闡述相同的主題，釐清或證實他們通靈的資訊。書中恰好提供了他們需要的資料，而節省了許多通靈的時間。

我們會在你經過的路上送給你一道彩虹或特別的水晶來問候你。你恰好在收音機裡聽到的歌詞，也許像是直接在對你的心說話。也許你做了一個夢，夢境裡就有答案。一堂課或是一位老師可能幫助你找到解答。指導靈有許多方法接近你。

通靈能讓你中樂透嗎？

歐林和達本：

預測號碼或事件的心靈能力和超感應力，與通靈是兩回事。你們有七個能量中心，被稱為「脈輪」（查卡拉）。它們的一部分會集中在你的身體層面。第一脈輪在脊柱底端，第七脈輪在頭頂上方，其他幾個則分布其間。靈通中心——第六脈輪，又被稱為「第三眼」，它在你的兩眉之間。靈通能力來自第六脈輪或第三眼。

然而當你通靈，你從第七脈輪——又稱為「頂輪」，接收指引。當第七脈輪開啟時，你向上建立一座連結更高次元的光之橋，因為這個中心和靈性覺醒有關。這個中心也處理想像力、夢想和願景。這是為什麼當你處於通靈空間時，會感覺一切都像是你「虛構」的。你透過對於你的更高目的的要求指引，以及運用通靈來豐富和支持你的生活，而開啟這個中心。你能活出更高的想法，負起責任，誠實並發自真誠地做每一件事。

你並不需要發展靈通能力才能變成一個好的訊息管道

你的第六脈輪——靈通中心，處理靈視力、預知力、心電感應、遙視（不在現場也能看見遠方發生的事情的能力）以及類似的技能。當你通靈，你可能會喚起你的靈通能力；但是我們鼓勵你以開啟頂輪——你的靈性中心，作為通靈的主要焦點。心電感應、靈視力和直覺，都是你在通靈時會發展的能力，但是也能夠在沒有學習通靈的情況下被培養。

珊娜雅和杜安：

我們一再觀察的事情是，利用指導靈來預測賽馬的優勝者或轉輪盤的數字很少成功。我們的指導靈告訴我們，高層次的指導靈到這裡來，是為了豐富我們的靈性生活，藉由賭博獲得金錢並不是他們認為有助益的事。即使想用得到的金錢來做好事的人，也發現金錢通常會透過他們的靈性努力和對人們的直接幫助而來，而不是透過幸運的骰子或轉盤。

通靈是與一種和高次元的連結，最好把焦點放在連結高層次的指導靈，而非發展靈通力。如果這些能力對你而言有靈性的價值，它們會依照適當的時間自行開展。高層次的指導靈只與那些將通靈用於靈性成長的人合作。然而，相當可能的是當你遵循你的靈性道路，你的經濟豐碩也會同時展開。

你會更換指導靈嗎？

珊娜雅和杜安：

剛開始一位指導靈與你合作，而有另一位指導靈隨後接手的情況並非不尋常。你可能連結了更高層的指導靈或原來指導靈的更高部分。或許你的方向改變，有必要更換其他類型的指導靈一起合作的時候到了。這並非你原先的指導靈不足以勝任，而是他也許為你承接一位更高指導靈的振動，直到你的身體、心智和情緒方面都準備好處理更加精細的頻率。你們有些人會同時和好幾位指導靈一起工作，每一位都各有專精的領域。

有很多方式可以認出你是否有一位新的指導靈。你的出神狀態可能不同，更明亮、輕盈或更深入。你的聲音可能改變，更低或更深沉，或口音不同。指導靈交流的內容本質也許和從前不同，你的指導靈也許感覺起來更有智慧，或能給你更大的觀點。

某一天晚上，一位通靈多年的女士發現，她好像帶進了一位新的指導靈。這位新指導靈的振動是如此之高，在場的每一個人都獲得更深的洞見，並感覺內在有許多轉變。她在事後請教她熟悉的指導靈，是否有另一位新的指導靈與她通靈。他告訴她並沒有，她只是比以前連結到了他更大部分的能量。他過去無法帶進這麼大的能量，因為她先前對於這種擴展帶來的力量很抗拒。

經過我們的課程學習通靈的人，大概有十分之一會在第一年更換指導靈。而他們在一開始就會有某種感覺，知道他們的第一位指導靈不是他們長久的指導靈。有些人在幾個月的規律練習後會感覺有某種變化，而它常常以一種對通靈的不安和挫折感開始。新層次的訊息似乎超過他們能構得到的範圍。大部分的人在更換指導靈之前，都會有某種感覺或感應。如果你不確定是否有新的指導靈出現，不妨詢問。指導靈會向你說明他們是誰，以及發生了什麼事。

有一位女士很興奮地打電話來告訴我們，關於她的新指導靈的事。她很喜歡和第一位指導靈的相處，但是感覺他們之間的連結變弱了，並且她對指導靈的真實性仍有存疑。她定期和一群一起上通靈課的同學聚會。有一天晚上，當她進入出神狀態時，她用一種開朗而強壯的男士的聲音說話。他宣稱他是她的新指導靈，並且已經到了他們開始合作的時候。他給了她一些關於接下來要怎麼進行的指引。他的聲音非常簡潔、有趣而且堅定。每一個人都喜歡他，從那個時候起他們就在一起合作。她對她的解讀品質感到很興奮。原先的指導靈已經離開，完成為她開啟大門迎接新指導靈的工作。

達本經常有許多指導靈協助他。達本協助杜安執行他的能量工作和身體工作，並喜歡談論科學方面的題材。他能夠用他的聲音和能量帶領人們運用心智旅行到其他次元，讓他們自己去探索新的經驗。然而，對於特定資訊有需求時，達本會呼請一些他稱為「濾波器」的存有來幫忙。達本仍然在場維持能量，但是「濾波器」會為杜安傳達資訊。

和其他人有相同的指導靈

歐林：

人們常詢問我，是否會有一個以上的人對相同的指導靈通靈。有一些指導靈確實會經由好幾個人透進來，雖然他們也許帶著些微不同的語調和訊息內容。以「米迦勒團體」的訊息管道為例，他們都通靈「米迦勒」，一個由上千靈體組合的更高意識的集合體。

很多人感覺他們都在對「歐林」通靈，我會說我確實透過其他人進來，但我不會用「歐林」的身分，因為「歐林」是我透過珊娜雅說話時，用來標定我的能量的特定頻寬。我的能量會以些微的差異通過我的每一個訊息管道，而我會用不同的名字來創造不同的「頻寬」特徵。當然，其他的指導靈也可能以「歐林」為名，就像你們很多人擁有相同的名字一樣。

我們是更大的集體意識或多次元意識的一部分。我們確實感受我們為個別獨立的存有，即使我們是更大整體的一部分。當你成長，你仍然感覺你是獨立的個體，與你的靈魂合而為一，移動進入多次元的意識中。那個你稱之為「我」的你，會由更大的本體組成，就像現在的你比你的孩童時期，有更大的身分認同一樣。

有很多指導靈感覺起來像我，並且和我談論相同的事情，因為還有很多與我來自相同實相或是相同多次元層次的指導靈。我和其他的指導靈以特定的頻率或能量波段傳播，帶來相似的愛與和平的訊息。我們許多個體的頻率差距非常些微，並超過你們一般的能量感知能力所能分辨的範圍，所以你可能無法分得出我們誰是誰，直到你大幅地擴展你的意識和知覺。

通靈能力會消失嗎？

歐林和達本：

通靈是除非你要求，否則一旦建立就不會消失的技巧與連結，然而它的形式可能會起變化。你的人生之中，也許有一些時期會暫停通靈或較長的時間不通靈。我們發現大多數因為種種理由停止通靈的人，在他們準備好的時候，都能重新開始。

有一些情況會改變你與指導靈的直接連結。正在經歷重大健康危機的人，可能會暫停他們的口述連結。部分的原因是：與我們接觸，需要你的能量體具備相當層次的和諧，而當人們生病時，他們可能無法達到口述通靈需要的和諧。我們從未撤離我們對你的愛與守護，只是你的口述能力也許消失了。一旦你恢復健康，你的口述連結將會像以前一般穩定強壯。

我們只會在為你好的情況下，撤回口述連結

另一種我們會暫停通靈的情況是——深痛的哀傷。那些正在經歷失去心愛的人的傷痛，或為任何理由哀傷的人，會發現他們的口述連結比較難以達成，即使並非完全不可能。哀戚和悲傷是非常強大的情緒。比較短暫的悲傷情緒不會阻礙連結，但哀戚是一種對整個系統的震撼，也許需要一些時間，才能恢復口述連結需要的和諧。強大的情緒就像層層雲霧環繞著你，讓我們很難穿透你。當你哀傷時，我們會在你的心裡對你說話，但是很可能不會穿越層層的能量而進入你的身體。我們也可能會送給你朋友、事件和資訊來療癒你。

第十六章 以靈媒身分面對世界

成功的關鍵——擁有支持的朋友

珊娜雅和杜安：

對許多的知名靈媒而言，他們發展的過程中很重要的一環是，開始時只把通靈局限於一群支持的朋友之間。溫暖、私人的環境，會比冷漠的臨床診間和批判的環境，更有助於喚醒和開啟人們的通靈能力。從那些對這個過程有基本概念的朋友，開始你的通靈服務，不要去找那些需要你說服通靈為真的人。你可以透過新時代的中心和機構接觸那些能夠接受的人。

在你尚未成熟時便面對公開的大眾，會製造很多問題，特別是如果你對你的通靈能力還不夠有自信的時候。經驗不足的通靈人，經常會感受到人們強大的懷疑和恐懼，因而關閉他們對指導靈的連結。在你還不完全肯定和相信自己的時候，人們的批評一開始是很難消受的。

有一位女士原本很喜歡她的通靈和指導靈，直到她為一位朋友通靈。她的這位朋友沒辦法從她的先生那裡獲得想要的對待。當這位女士在課堂上通靈的時候，杜安清楚地看見她的指導靈出現在她的氣場中。這位女士的指導靈很坦白地以慈悲的方式告訴她的朋友，現在是她停止要求她的丈夫依照她想要的方式行動，並接納他本來的樣子的時候了。她的指導靈既溫和又有愛心地對她的朋友說，該是停止扮演受害者，並開始學習為自己創造想要的一切的時候了，因為她有能力創造快樂美好的生活。然而她的朋友回應她，她很確定這個通靈訊息來自她的人格，而非她的指導靈。

這位女士對自己的通靈能力並不完全有信心，她感覺很受衝擊，於是便停止了通靈。這個遭受別人懷疑的體驗，把她自己對通靈的疑慮全都帶上了表面。經過好幾個月，她才又重新開始。她最後終於理解到，她的朋友對於她充滿力量的新角色感到威脅，並且尚未準備好放棄那個受害者的模式。

在她通靈之前，她通常會同情她的朋友有個「壞」先生。然而這一切在她通靈之後改變了。她的指導靈更在意的是，幫助她的朋友創造快樂和有成就感的生活，而非聆聽她的抱怨。一旦她了解她的朋友如此反應的原因，她便開始恢復通靈的練習。她也理解了她的朋友透過懷疑送給她的寶貴禮物。因為藉由面對和檢視她的疑慮，她變成一個更強壯和清晰的訊息管道。

一位很有吸引力並擁有高收入的商場女強人，從波士頓飛過來上課。她對通靈有十分強烈的渴望，卻感覺這是一件她不願意告訴朋友的事。她在課堂上帶進一位指導靈，並為另一個人做了相當成功的通靈。當她離開時，她對自己的通靈能力充滿自信。但是當她回到家裡，她的先生幾乎不和她說話，因為他認為她做的事很愚蠢。而她的朋友看待她彷彿她說的是外國話，當她說起她對指導靈通靈，有人甚至懷疑她的精神不正常。

她打了幾次電話告訴我們，她沒有辦法面對每個人的懷疑而保持和指導靈的連結。歐林肯定她，他告訴她，她要選擇培養對自己的信心，即使人們不支持她做的事。歐林指出她的生活裡有很多做了人們批判的事，結果卻十分成功的經驗。他也鼓勵她與那些支持她通靈的人見面。

幾個月之後，她來電說她去了當地的一家形上學書店，發現一些她可以參加的課程，並遇見一些一起談論這方面新生活的朋友。她的先生雖然還是不明白通靈的價值，但已經不再公開地表示敵對。她仍然十分投入商業世界，但是發現要面對周遭所有的非難和冷漠而繼續相信她所做的事，是很大的挑戰。歐林鼓勵她去探索她是否還想要留在商業的世界，並檢視實現她從小到大的夢想，離開她的工作而去寫她想寫的書的可能性。這對她而言是很困難的決定。她一方面擔心自己會寫不出來，同時也不認為她能夠失去工作的收入，並且感覺她的先生會強烈地反對。

一年之後，她再次來電，她說她已經辭職並且正在寫她的書。她的通靈讓她有勇氣朝著這個方向移動。而且她很驚訝她在寫作時發生的事，她很快便得到寫書時需要用到的研究資料，她本來認為它們很難取得。她的先生令人意外地支持她寫作，並且很幸運地該付的帳單都能夠支付。她不再因為別人的想法苦惱，而能充滿熱忱而快樂地投入她的生活。她感覺對自己有一種新的信任與自信。她仍然懷疑自己是否能完成那本書，並仍然對於真心地相信她能獲得想要的一切有一些困難。但是她明白這些將會隨著時間消逝。

另一個人們會有的問題是，他們對學習通靈懷抱的期望。他們希望在一夜之間就能變身為專業通靈人或解決他們所有的問題。

有一位年輕的女士在開放通靈之前經歷過一段痛苦的時光，她不斷發胖並和她的男友分手，然而她覺得現在事情正在轉變之中。雖然她的自信還是不足，但是已經開始減重並照顧自己的身體。她在公司擔任經理的工作，她想把通靈變成自己的專業或者為朋友提供服務，同時也想找尋她的道途和更高目的。她覺得她目前的職業只是暫時的，並認為那會在她發現自己真正的靈性道路時結束。她非常熱中於學習通靈，迫不及待地想要和指導靈連結，雖然她也擔心自己會不會沒有指導靈，或是在連結時發生問題。

在課程要進行的那天早上，她緊張得胃都抽痛起來。然而她做得很不錯，而且感覺很快樂。當她通靈的時候，她的聲音變了，她的指導靈顯然也會用一些和她不同的手勢，更重要的是，她帶進清晰而崇高的訊息。四個月後，她打電話來說她感覺很苦惱，部分原因是她的朋友不感興趣或不支持她。而且她覺得，她和指導靈的連結沒有以前那麼強。她以為到了這個時間，她會對自己全然的有自信，並且知道自己的道路是什麼。她本來希望自己可以面對大眾，變成一位專業的通靈人。

歐林告訴她：

「妳只體驗了妳的指導靈真正能量的一小部分，妳的身體此時沒有辦法處理更多的能量。事實上，因為妳的熱忱，妳的指導靈進來得比預期更快，並已經帶領妳到比他原先想帶妳去的更高的境地，而他現在正在往回修正，好讓妳的身體、情緒和外在世界可以跟得上。妳的指導靈一次傳送大量的資料給妳，在下一次傳送前妳必須等待，讓妳有時間去消化那些資訊，並讓妳能自己維持訊息通道的開放。別擔心能量消失，它就像退去的浪濤，它還會再回來。妳的指導靈現在正在給妳時間為自己思考，如此妳才不會變得倚賴並認為妳的智慧只來自於妳的通靈。

保持耐心，享受認識妳的指導靈的過程。花時間整頓自己的生活。早期的階段會帶給妳許多成長和豐富的感受。妳就像是一個學習走路的嬰兒，在妳走到外面的世界之前，妳需要時間練習並保持穩定。不久之後，妳的工作將會推展到外面的世界，但是首先妳要培養一個強大而堅固的基礎，基於妳的經驗和智慧。在妳準備好轉換外在工作，並負起責任透過專業的通靈服務人們之前，妳的內在自我還需要很多的改變。這可能需要好幾年的準備。妳的指導靈無法給與妳真正的自信，因為那是只有妳能送給妳自己的禮物。妳現在做的每一件事都加速了妳的更高道途，即使它看起來似乎無關。只要妳決定依從妳的道途，每一件發生的事就都在幫助妳這麼做。

妳心中也許有一個畫面，以為當妳行走在妳的道途上，妳會很有名，會有很多人來尋求妳的指導靈的指引。達到更高意識是妳能幫人們做的最重要的事。因為當妳成長，妳會變成一座人們的廣播站。妳成為一支發聲的音叉，而人們只要在妳身旁，便會開始經驗更高的意識。很多偉大的教師以身作則，並將生活帶進更高的秩序來教導人們。人們說，只要靠近他們便感覺開悟。當妳提升妳的意識，妳便是在妳的道途上。特定的細節和形式會自然出現，妳想要的每一件事都會隨時間到來。

妳的指導靈不會告訴妳什麼是妳的道路，然而他會幫助妳達到更高的振動，而讓妳能自己看見它。他現在最優先的工作是，幫助妳穩定和強化妳連結高次元時帶進的更高振動。他已經幫助妳以更高的方式思考，但是妳尚未認出它。因為那個改變相當溫和，而且合乎妳先前的方向。妳的外在世界會很快迎頭趕上內在的變化。現在變化的重點不在外在世界而是在開展妳的內在生活。當妳完成這個階段的經歷，妳會發現妳向指導靈的另一個層次的資訊開放，妳也可能會再度感受挫折。妳目前正在成長的部分是打開妳的心。保持妳對自己和妳的指導靈的信心，學習信任妳會得到妳想要的。這是妳開放的過程之一，它可能會伴隨妳的進化不斷發生。」

這個解讀幫助她放下挫折感和焦慮，並且更加享受她的通靈。一旦她放下憂慮，她等待的改變便開始發生。她的工作晉升、獲得加薪，她開始養成打籃球的習慣並持續減輕體重。她暫時放下了通靈，但六個月後，它又開始重回她的生活。這個時候她的連結變得強壯而穩定。一年半後，她報告說她和朋友一起經營零售生意的機會實現了，雖然這並不是她期待的事，但是她懷疑學會經營自己的生意，可能是讓她成為專業通靈人的下一步——教導她如何服務別人、管理金錢以及其他珍貴的技能。她說她正在學習信任來到眼前的一切，並且放下讓每一件事以特定方式發生的企圖。

你對朋友的新角色

歐林和達本：

以崇敬的心情介紹你的指導靈，以及你與指導靈的工作。你在通靈中投射的信心和慈悲，決定人們如何回應它。你對通靈的表達過程，包括你說的話、你對細節的關照和你的外表等，都在告訴人們你的工作品質。花時間謹慎地處理通靈的過程，用最高的正確性和精確度傳達訊息，以可能的最高的光介紹你的指導靈。你的正直、愛與人格會反映在你的解讀中。你是你的指導靈在地球空間的代表。

當你為人們解讀，你便是擔任人們的生活顧問。你的角色是一位助人者，在全方位的向度協助人們的生活，也包括靈性的成長。他們會愈來愈仰仗你為一位老師和治療師。為人們通靈通常包括一種身分的改變，你的指導靈也許說話的方式帶著權威和力量，和你平常的態度不同，因此人們可能把你看成一個權威或有力人士，你會需要習慣以這種新的智慧層次說話。有些人會發現，接受這個新角色是為人們通靈最困難的部分。隨著這個角色而來的是，更大的幫助別人的機會和保持更大的正直的責任感。

不要覺得你需要人們來見你。只要求那些你能夠服務得最好的人前來，那些因為你的工作而能在靈魂層次裡真正獲益的人。你會發現他們真的會出現。你會想吸引那些與你有著類似振動並欣賞你在做的事的人來到你身邊。與其送出能量，不如將這些人「吸引」過來。假裝你是一塊磁鐵，你在為自己吸引那些因為你的服務而成長的人。

當你通靈，你散發更多光並變得更有吸引力

你會自然地開始吸引——那些行走在相同的加速成長道路並和你的新志趣相關的人。你將來可能會發現你喜歡和不同的人相處。對成長沒有興趣的老朋友會離開你的生活。你可能會不再喜歡和那些生活似乎沒有目標的人在一起。你也許會找到機會處理你和朋友之間的老問題。你也會發現，當你準備好的時候，許多新的朋友會進入你的生活。

如何和別人談論通靈

杜安：

許多學過通靈的人會想和朋友談論通靈，或向他們解釋通靈是什麼。通靈是一種體驗。然而就像許多體驗一樣，很難描述。通靈也是必須個別體會，才能產生意義的某種實相的一部分。如果你企圖解釋通靈，那麼我們發現它最好出自你自己的體驗。告訴你的朋友通靈對你的意義，並談論你的真實經驗。

當你談起通靈，人們的反應可能從非常興奮的「真是不可思議！我想知道更多！」到「那不可能」甚至「那很危險」。因為人們的第一反應會讓你對友誼有新的感受，就讓你的熱情引導你吧！你有可能對於人們進一步的反應所說的話感到驚訝或遺憾，所以我們給你我們的經驗以及歐林與達本的建議。

首先，當你碰到懷疑時，保持諒解，無須反駁。記住，你的朋友並非第一個有問題或不相信通靈現象的人。可能有一段時間你也是如此質疑的人。意圖為那些還沒有體驗或不相信它有可能的人「證明」通靈，似乎只會讓你的實相與人們更分離。你不需要證明任何事，你自己的內在知曉是你最終的自主來源，而非人們的意見和想法。

真誠地維持你內在的完整。我們每一個人對彼此的最終貢獻是我們的生活成功的例子。運用你的內在真理和你的通靈讓你的生活成功。同樣重要的是，允許人們擁有他們自己的真理。有些人必須重新整頓全部的生活，才可能接受這些想法，這是個讓人害怕的前景，你可能還記得你自己的經歷。所以保持開放，活在當下，聆聽周遭的人獲得的更高意識，因為當他們成長，他們也許會找你討論這些想法。

要證明「指導靈存在」和通靈過程是「真的」有一些很難克服的困難。最後我們學習到的是，每個人需要的證明不一樣。當我們接受一件事的時候，我們會根據我們對實相的觀點或我們基於實相的行動，用自己的標準來檢視和比對證據。通過我們測試的，我們便接受它為「已證實」。我們接受每天生活中很多事為已證實的事，而不再檢視它底層的假設。事實上，如果我們必須花費時間和精神去證明我們遇見的每一件事情，一天大概做不了幾件事。

我們的信念，相當真實地決定了個人對世界的感受。我們接受原子的存在，即使並未親眼看見。我們毫不求證地接受所有的資訊——從高速公路的路況到全球新聞，基於信任資訊為提供人們的謹慎的觀察者，對主題有足夠了解而能做出正確的結論。然而通常我們實際求證那些資訊時，會發現他們的結論和觀察與我們的有所不同。終究，我們個人的經驗對於我們而言，才是真正有意義。

人類還有一些時期的信念因久未檢視而不堪使用。例如相信「地球是平的」，讓我們晚了許多許多年發現新大陸。「通靈」是社會信念太久未被檢視的區塊之一，而這些地方正開始被許多像你們這樣的人重新檢視。

通靈挑戰人們檢視對實相本質的信念，並為擴展人類相信什麼是「可能的」提供龐大的潛力。它帶人們去接觸在這個進化的時間點上，處於人類可驗證之邊緣的一些想法。這些想法決定我們如何看待自己，並形成我們的哲學、宗教與科學的基礎。這些想法上的改變，有力量帶給人類思考模式真正的方法轉移。通靈立即開啟了——人類對於死亡之後的生命、宇宙的智慧生命、物質的本質和生命系統的本質等思想結構的轉化與超越。而這似乎只是透過通靈能帶來的開放與改變的開端。

科學經常被拿來測試事情是否為「真」。部分的原因歸功於一種信任，相信科學家同儕的發現。他們甚少質問那些結論，那些倚賴科學人士的誠實與正直才能正確傳達的資料，特別是在這些結論符合他們自己或社會接受的觀點時。這些結論變成了一種底層和經常為潛隱的假設，而其他的科學家則基於這種假設來做研究。有時候後來會發現那些底層的假設根本就是錯的。熟悉科學歷史的人都看過那些新理論——那些後來被證實為真，並大幅改變我們的世界觀的新理論，經常在尚未經過相關驗證的情況下，被基礎科學排斥多年。

當科學家看待通靈時，有些令人玩味的事情發生。通靈在科學界被稱為「靈異現象」。「靈異」這個字本來就有問題。「靈異」通常用於描述正常實相之外的現象。科學家一直在試圖定義實相的本質是什麼。既然「靈異」的標籤隱射非正常的事，「靈異現象」一開始便清楚地表明它並不合乎科學家的邏輯。而這個似乎反應在典型的科學報告中——靈異要嘛沒有發生，不然就是即使發生了，但因為無法輕易解釋，為了心理健康，最好忽略它。上述這兩者都是接受探索訓練，期望最後能解釋那些無法解釋的事的人，所提出的有趣報告。

為了探索新領域，我們會碰見未知。我們許多人對未知的反應是驚恐。每一個個體都有自己的恐懼／興奮區，每一個社會也都有自己的恐懼／興奮區。把這些不可解釋的領域帶進社會大眾的關注之中，有時候會碰到社會的壓力。然而，當未知變成已知，恐懼被克服了以後，人們會熱情地擁抱許多新想法。

當我探索新時代的領域時，我是相當堅定的懷疑論者。然而經過幾次鮮明的個人體驗，以及多年個人探索所得到的智慧寶藏後，這些證據的分量已經巨大到讓我無法再忽視，於是我開始改變信念。我開始了解，雖然我無法在科學上解釋或證實我的體驗，但它們十分珍貴，並且讓人訝異的是，運用起來有相當的一致性與可靠性。簡言之，它們能創造成果。

儘管經驗層面的現象很難證明，但也許最重要的是記得，我們定義的「通靈」這個可觀察的現象，為人們的真實世界與靈性活動帶來正面和傑出的貢獻。我們觀察的訊息管道都是才藝和產出豐碩的人，事實上，有一些是很有聲望的名人。許多人在有意識地進行通靈之前，就已經很有錢或事業成功，並且把他們的通靈用在許多地方，如同他們在文章裡所說的。人們在開始通靈之後變得更成功，並為他們的生活帶進更大的秩序。

當我以我的科學面來看待通靈，即使我對「它」已經知道很多，仍然無法用科學方法證明它。有很多旁證和間接證據，對我而言，便已足以說明有事情在發生——一些我們現在對實相的觀點無法解釋的事情。我可以觀察到它在連貫的基礎上，創造正面的結果。

我不再試圖「證明」通靈是真的，現在我比較用商業的口吻來談它：「有效就用吧！」

面對社會大眾

珊娜雅和杜安：

你們有些人比另一些人更早準備好讓你們的通靈面對社會大眾。聆聽你自己對這件事的感覺，不要覺得你必須盡早對別人提供解讀服務。那些很快就做得有聲有色的人，通常本來就是諮商師或治療師，對於與人們談話和提供協助有相當多的經驗。

有一位女士——茱莉，是身體工作者和專業諮商師，被邀請到當地的女子學校演講。作為一位專業諮商師，她每年都會對她認為相當保守的一個婦女團體，做幾場自訂題目的演講。她才開始通靈一個月，而她的指導靈就鼓勵她對她們分享最近通靈的經驗。她起初完全不考慮這麼做，因為她並不想造成抗拒，或讓人們覺得她很奇怪。所以她對指導靈說：「不！」並且計畫做一個普通的演講就好。然而到了最後一刻，當她站在那個房間的前面，一個內在的改變發生——她決定要冒險一試，信任她的指導靈，並告訴現場那些女士她的通靈經驗。

結果反應非常令人驚訝，那些女士們非常著迷，惟恐遺漏任何一句話，表現得一點也不冷漠或懷疑，她們愛極了這一個講題。很多人開始談論那些她們一直放在心裡視為祕密，因為害怕人們會嘲笑而不敢談論的經驗。她說，結果現場的溫暖和親密，是她前所未有的體驗。

有了這個反應作為鼓勵，茱莉決定每個月在家裡舉辦一次聚會，為她的客戶對她的指導靈「杰森」通靈。她的指導靈每一週都會挑選幾個主題，對一群人談論這些主題的內容。因為這些通靈經驗，她開始著手寫一本書，而且有愈來愈多的人來加入她。她的私人練習後來變得非常龐大，她必須想辦法安排這些想來見她的人。她上杜安的課，並開始學習開啟靈視力。她和我們一起工作，在開放通靈的工作坊協助許多參與課程的人調和他們的能量。

因為她先前多年的諮商與課程帶領的經驗，茱莉已經準備好對社會大眾開放她的通靈工作。尊重你自己感覺舒服的步調，保持耐心。你和你的指導靈的工作，會以自己的速度自然展開。

你和其他訊息管道的關係

歐林和達本：

你們已有許多人開放通靈，重要的是去支持和鼓勵人們的開放。你們每個人都有珍貴的貢獻要做。當你開放通靈，你成為所有通靈人口的廣大社群的一份子。因為你們思考和行動的新方式，你們為全世界散播一種更高、更有愛心的思想模式。

形式追隨思想而生。當有愈來愈多的人開放並精練訊息的管道，對準更高的次元，並將日漸增強的光帶進日常生活中，地球會發生真正的改變。

在更高的世界，許多事須藉心意相同的人形成團體合作來達成。當你們有更多人開放，你們會形成一個光的網絡環繞這個星球，為人類創造更高的潛能。透過合作、支持和激勵彼此，而讓你們每一個人都在想發揮的方向上被推得更遠。

慶賀每一個人的成功——為人們持有正面而崇高的願景

人們也許會問，你對別人的指導靈有什麼看法？對每一個議題都可以有許多觀點。你的成長的一部分是對於生活中發生的任何事，找到最高的觀點。當有人問起一位指導靈，與其批判他好或不好，除非你有非常強烈的看法，不如反問：「你特別想要我或我的指導靈給你什麼資訊？」然後就人們要求的資訊回應或評論。

如果你聽見二手的轉述資訊，把意圖放在學習那個指導靈真正想說什麼。即使最高的指導靈有時候也會說一些你不知道、不同意或看法不同的事，而這只意謂著你如你應當地順隨你自己的體驗，並非指導靈錯了。這種應對方式幫助你——不需感覺你有必要「批判」其他指導靈的思想架構是對或錯，相反的，你能用你自己或你的指導靈的觀點來談論事情。

人們常常會因為已經有很多別人在做類似的事，而覺得他們沒有必要去推展他們的工作、寫他們的書或教他們的課。相反的，我們建議你，不妨去看見每一個把他們的工作推向世界的人，讓你更容易推展你的工作。人類的進化有一個偉大的計畫，你們每個人都參與了一個特別的部分。現在正在發生的更高意識的轉化，不可能由一個人單獨完成，你們每一個人都有珍貴的貢獻。

不要因為有很多人看起來已經在做你想做的事，而停止你的行動。永遠有空間留給另一本好書的出現。如果你有寫書的衝動，即使某個主題已經有好幾本書了，也請務必寫你的書。你的訊息、你說話的方式、你的文字中的能量，都將和其他作者不同而觸及不同族群的人。如果你發現有人正在教導一個類似你想教學的主題，務必教你的課。它將帶著你的能量接觸需要你教導的人，並且以一種獨特的方式啟發他們。有興趣的人永遠比現有多更多，為你們每一個人充滿你的課堂、購買你的書，並為你的服務和產品提供豐富的支持。

為了傳達新的思想模式，有必要為所有生活型態的人，在許多的不同領域推展類似的訊息。人們碰見特定想法的次數愈多，特別當它以不同方式，由許多不同的人來說時，這個想法對他們而言便愈真實。當它變得愈真實，讓更多人改變的意識轉換便得以發生。

完成你的工作，將它對世界推廣，如果那是你真正的渴望！

第十七章 通靈——現在正是時候

過去時代的通靈

珊娜雅和杜安：

人們並非現在才開始對連結其他空間的靈體有興趣。這一章接下來的部分，提供一些知名的通靈人物基本的資料，和近代通靈歷史的重點側寫。

當代有很多卓越的訊息管道，我們鼓勵你跟隨你的興趣去探索他們的書籍、課程和影音資料，學習更多關於通靈和指導靈的事。在過去的年代，和精神體連結的人被稱為「靈媒」；那些出神而帶進他們與精神體連結的人被稱為「出神的靈媒」。這些名詞近來都被「管道」所取代。

在十九世紀中期，有很多人對於和靈體溝通的現象很感興趣：降神桌、隔空移物、靈體現身、物件飄浮……還有許多不可解釋的現象到處發生。和靈體溝通是很熱門的話題。一九六二年，內蒂・卡柏恩（Nettie Colburn），一位很有能力的年輕靈媒造訪白宮，為總統亞伯拉罕・林肯出神通靈，就在他發表「解放奴隸宣言」的前夕。

約翰・福克斯（John Fox）和福克斯姊妹也引發了全世界對靈體的極大興趣，並開始十九世紀中期的「巫士運動」。故事是這樣開始的，福克斯一家人搬進一間屋子，他們總是聽見奇怪的搖晃、敲擊和噪音。有一天晚上，為了解決噪音問題，福克斯太太問：「誰在這裡？」並要求如果有人的話，請他敲擊兩下表示「是」，敲擊一下表示「否」。她們立刻建立了與靈體對話的方式。透過「是」和「否」的敲擊，「他」被發現是一位三十一歲的前房客，號稱自己被謀殺，並說他的身體還在地下室。幾週之內，幾百個人前來想要聽聽那個敲擊的聲音，並且後來真的就在他描述的地方發現一具骨骸。

福克斯太太有三個女兒，後來變成有名的福克斯姊妹。不管她們去哪裡，都有敲擊聲跟著她們，於是她們變成了靈媒，還做了許多公開的問訊。在她們成為靈媒之後，有許多名人參加她們的解讀會，於是福克斯姊妹成為公眾的焦點。有趣的現象是，很多來看福克斯姊妹的人也變成了靈媒，似乎待在她們身邊會造成開啟。

還有許多的其他靈媒也引起眾人矚目。其中，丹尼爾·宏（Daniel Home）是最偉大的操作物質界的靈媒，他讓物件騰空飛起、音樂憑空出現、還有許多隔空移物的表演，有時候鬼魂的手會顯影，還有其他偶爾現形的靈體。一些當代頂尖科學家把他作為研究對象，其中還有幾位因為發表書面聲明證實這些現象的真實性，而幾乎喪失他們的名譽和地位。其中有幾位科學家，自己也變成了靈媒。

丹尼爾·宏可以把他的超能力傳遞給周圍的人，讓他們很有信心。舉個例子，有一次他把對火的免疫力傳給一位女士，他握著那位女士的手，把一塊燒紅的木炭放在她的掌心，她說那感覺像是一塊冰冷的大理石。接著在幾秒鐘後，沒有他的幫助下，她去觸碰那塊木炭，便立刻縮手，說那幾乎燒著了她。

史丹頓·摩西（Stainton Moses）是另一位知名靈媒，他創造許多被記載的實質顯化，例如讓桌子騰空升起。他在意識清醒的情況下，通靈書寫他的指導靈啟迪人心的文章，然而他非常在意不讓他的想法影響這些自動書寫。他寫道：「推測我的想法是否進入這些溝通的內容是一項有趣的觀察。我忍受非比尋常的痛苦，以避免任何這種混淆。開始時，這種寫作非常緩慢，我必須用眼睛盯著它，即使如此，我知道那些並不是我的想法。很快的，那些訊息有了某種特質，不管它的內容如何與我的想法相反，我都不會感覺懷疑。我培養了一種能力，在寫作時，能讓我的心思意念被其他事情占據。」史丹頓・摩西的通靈是非常高的靈性指引，他對靈性指引的可信度貢獻良多。然而他不斷惡化的健康狀況，逐漸讓他失去帶進這種訊息的能力。

安德魯・戴維斯（Andrew Davis）所寫的書《大自然法則——她的神聖啟示》（*Principles of Nature, Her Divine Revelations*），對於通靈界造成巨大的影響。某天晚上，在半出神狀態之中，他從床上起來漫遊，當他醒來時，已身處四十英里外的地方。他說他遇見兩位已經過世很久的哲學家，他們協助他達到內在的開悟。然後，他花了十五個月的時間聽寫了這本大部頭的著作，涵蓋廣泛的題材，囊括許多令人驚訝的資訊，涵蓋的範圍之大，許多內容在後來都被科學所證實。例如，書中提到一些他不可能知道的事，像是太陽系有九大行星，那個時候普遍相信的是七大行星，懷疑可能有第八個。

派普女士（Mrs. Piper）是那個時代的另一位知名靈媒，可能也是其中經過最多檢驗的靈媒。她二十二歲時開始通靈，和同一位指導靈通靈八年，才換其他指導靈。她的指導靈能說出人們過去經歷的具體細節——那些她不可能知道的事。然而在測試時，她似乎沒辦法給出正確的日期和特定內容。值得注意的是，即使是最有名的通靈人也發現，在測試的情況下要給出名字或日期的具體資訊是困難的。但他們能提供他們的指導靈認為重要，或對人們的生活和靈性成長有益的特定細節。

派普女士由霍金森博士（Dr. Hodgson）進行測試。霍金森博士向來是心靈界的福爾摩斯，測試並確認靈媒的正確性。他讓人日夜監看派普女士，避免她能祕密地取得任何人的資訊。她和人們隔著幕簾作解讀，她看不到對方，也不知道對方的名字。她告訴人們的細節資料則被記錄下來，一一證實為真。後來，她早期的指導靈離開，她開始從一個更高的來源帶進指引，這個來源自稱為「大將軍團」（Imperator Group）。值得注意的是，當她更換愈來愈高的指導靈時，本來對她而言頗為困難的出神過程，變化成一種安靜、平和與輕易的過程。

約略在同期的還有一位艾倫・卡爾德克（Alan Kardec），他是法國人，出了很多與靈體溝通有關的書，包括《靈媒書》（*The Book of Mediums*）與《指導靈》（*Spirit*

Guides），這兩本現在都還有流通。如果你還想讀讀早期的通靈歷史，一本名為《心靈科學百科全書》（*An Encyclopedia of Psychic Science*）的書，一九三四年由南朵・佛鐸（Nandor Fodor）寫成，最近更新過，值得參考。

當時最受爭議也最有影響力的靈媒之一，就是海倫・布拉瓦茨基夫人（Madame Helene Blavatsky），她亦被稱為HPB。一八三一年出生於烏克蘭，她旅行到過英國、加拿大、印度和希臘等地，不尋常的物理現象總是跟著她在各地出現。後來亨利・奧科特（Henry Olcott）加入她，一起建立了「通神學會」（Theosophical Society）。她的第一本書《揭開艾希絲的面紗》（*Isis Unveiled*），迄今仍是經典之作，書中討論遠古宗教的復活，並指稱它們是現代宗教背後的起源。她感覺她受到喜馬拉雅大師的祕密組織所啟發，並與他們一起工作，他們分別是大師摩亞（Masters Morya）、庫圖米（Kut Humi）和西藏大師德瓦・庫（Tibetan Master Djwhal Khul）。

這些大師們寫了很多信給她在印度的朋友辛內特（A.P Sinnett）和其他人，這便是後來有名的《聖雄書》（*Mahatma Letters*）。這些信件不是從天花板掉下來，就是平白無故出現在盤子上或口袋裡。關於那些大師們是否存在，以及那些信是她還是那些大師寫的，一直很有爭議。不久之後，她說她開始聽寫東方大師們的教誨，完成她的主要著作《祕密教義》（*Secret Doctrines*）。這本書斷言所有宗教與祕教體系都來自單一的源頭，那個源頭據說是被隱藏在一個祕密地點，僅以神祕符號示人。

引人高度關切的「通神學會」至今仍然存在，而HPB對於西方的揚昇大師的信仰扮演了舉足輕重的角色。她的工作由安妮・貝贊特（Annie Besant）和查理・立德畢特（Charles Leadbeater）接手，他們在二十世紀初出版了許多神祕學的書籍，包括思想形式、靈視力、業力、脈輪、指導靈等等，以及更多主題。

一九一九年，非常認真的年輕女士愛麗絲・貝禮（Alice Bailey）開始接收西藏大師德瓦・庫的訊息，每天聽寫他的資訊，創作整個系列著作，包含許多珍貴的神祕學資訊。她建立了自己的「通神協會」（Theosophical Association），並將它在一九二三年更名為「神祕學校」（the Arcane School）。她建立的組織體系包括：「三人會」（Triangles）——全球性的冥想連繫網絡，「露希絲基金會」（Lucis Trust）以及「露希絲出版社」，專門出版她的書籍。書中敘述開始追尋者的道路、揚昇大師和淨光兄弟們的社群階層，和成為大師需經歷過的種種啟蒙。

在第一次世界大戰後，因為美國的經濟蕭條以及對科技與科學的重視，社會大眾早期對靈性的熱情萎靡，通靈的消息不再登上報紙的頭版新聞，邏輯和左腦的思維在一波科學發明與新科技的浪潮中成為主流。

艾加·凱西（Edgar Cayce）被稱為「沉睡的預言家」，他在二十世紀中期再次引起美國民眾對通靈現象的興趣。在催眠狀態下，他產生十分驚人的資訊，包括對千里之外的病人提供醫療諮商。他對各種主題提出了精闢的哲學討論，都蒐集在關於他的工作和生活的書籍中。他畢生致力於服務人群，A.R.E基金會（Association for Research and Enlightenment Foundation）現在仍在繼續執行他的重要工作。基金會總部位於維吉尼亞州的維吉尼亞海灘，人們如果需要，可以在那裡取得他的治療處方和通靈資訊。

珍·羅勃茲近年來以高品質的通靈訊息引起世人注意。從一九六〇年代起，她和她的指導靈「賽斯」，針對廣泛的各種主題通靈許多冊的資訊和哲學討論。她的書寫得很好，提供大量的訊息，對於許多形而上學和神祕學的主題有正面的觀點。它們支持每個人相信他們自己，並接受人人都有內在力量去創造想要的一切。她的其中一本最知名的書《個人實相的本質》，解釋了實相的本質，強調我們擁有透過改變信念而

改變結果的能力。她的書為通靈資訊樹立品質與誠信的標準，開啟人們對指導靈存在的可能性，並啟發許多人想要自己通靈。

值得一提的是，愈來愈少有靈媒能創造實際的物理現象，像是讓指導靈顯影或是搖動桌子。有人問起這件事，歐林和達本告訴我們，這些顯化在早期確實有必要，那是為了喚起人們對其他實相空間的連結能力，並建立人們對指導靈和死亡之後的生命的概念。這些活靈活現、有科學證據並被攝影留存的現象必須出現，好讓人們覺醒並建構人們進一步開展這個領域的階段。現在有足夠多的人相信通靈了，所以那些戲劇化的事件便不像以前那麼需要。今日的一些知名靈媒，戲劇化地呈現他們的指導靈，他們志願以這種方式協助人們相信指導靈是真的。指導靈必須花費很大的能量才能創造這些現象，而現在，這個能量被用來接觸愈來愈多的人。歐林和達本告訴我們，人類下一個階段的通靈能力是——有意識的通靈。

通靈——人類現在正是時候

歐林和達本：

愈來愈多人對宇宙心智和他們的大我的連結有所覺醒。他們開始能覺察宇宙的更高實相。在人類有紀錄的歷史中，始終都有與超越已知的宇宙連結的人，他們有許多名字：薩滿、藥人或藥女、透視者、先知、巫士、靈通、靈媒、訊息管道和巫醫……然而，直到最近的一百五十年，才有相當數量的人能夠超越地球的實相，並從更高層次的世界帶進指引。那個讓他們能觸及更高世界的能量，在過去五十年來變得更為強大，這可以從科學和科技的創新浪潮上看得出來。

你有能力看見並連結，超越肉眼和已知宇宙的實相

許多很高的靈魂選擇在這個時代出生，他們的數量在過去六十年間增加許多，並且持續在增加中。當愈來愈多人相信通靈和直覺感官，會有更多的人向這些層次開放，並具備天生的靈通、心電感應和超感官能力。

愈來愈多的人會開放通靈

這是一個當人們把能量投入靈性成長會有豐碩收成的時代。他們將快速地進化，因為地球正在充滿能量。他們會取得接觸新的知覺層次的能力，並且有意識地，在可控制的情況下從更高的世界帶進訊息和資料。他們將有能力探索存在其他次元和媒介的自己，這比從前更有可能發生。和以前相比，會有更多人能通靈、探索可變化和可能的未來，移進新的時間概念，控制頭腦和無意識層次，並連結超我的力量。當更多人旅行進入其他次元和更高的世界，一道大門就將開啟，讓許多過去沒辦法進行這些旅程的人輕易通過。

現在發生的事情並非偶然。許多力量正在影響人類。在超越地球的次元中，有許多的改變正在發生，通往之前人類無法接觸的其他實相空間的通道正在建立。兩個次元交錯並以某種特別的方式運動，讓任何想要跨進更高次元的人都能做得到，這在過去時代只有少數特異敏感的人士才能到達。當那些接觸靈性自我的人愈來愈能感受這些改變，它們會開始對所有的人產生作用。

地球的振動持續變動，有些人可以感受它的加速。時間的本質在改變。你們正在從線性時間移動到某種直觀時間。地球的重力場有些微變化，而地球的電磁場也發生頻率的改變。

在過去五十年間，你們發展了新的「超感」知覺。這些超感知覺包括：預知（知道未來的能力）、心電感應（思想的移轉）和靈視（能看見一般看不見的能量，通常發生在其他存在空間並存的時候）。這些感官的發展是因為你們的靈性中心的啟動，以及地球的變化。這些地球變化會對許多人造成影響，並必然會改變集體未來的潛能和方向。

心電感應能讓你探索看不見的世界。你們每個人都有比想像中更好的心電感應能力。心電感應是接收別人思想波的能力，以及把想法從一個次元或實相，轉移到另一個次元或實相的能力。當你的心電感應進化，你將發展出一種比飛機或汽車更快、更有效率的載具，帶你去許多地方。心電感應讓你有能力旅行，到那些沒有任何其他辦法可以接近的地方。

你的肉眼只能看見彩虹的光譜，你們經常忘記還有很多電磁頻率，諸如紅外線和紫外線，它們存在於你的眼睛偵測範圍之外。你們有些人培養了超越一般感官的精微頻率的感知能力。就在這些頻率之中，你開始能覺察你的指導靈和其他生命存有——像是我們的世界。你逐漸增強的心電感應知覺，將讓你能與其他形態的生命——像是植物、水晶和其他世界的存有溝通，當你能精微地調整你的知覺時。

相信人類能夠透過非實體次元去接觸那些看不見的世界的信念，雖然還不普遍，但是全世界相信超越地球的次元可能存在，以及死後仍有生命的信念已愈來愈普及，對指導靈存在的可能性保持開放的意願也大幅增加，再加上人們對通靈和連結指導靈的熱切期待和興奮之情，讓那些渴望有意識地連結指導靈的人更容易達成它。人們也比以前更信任那些以超感官帶進來的資訊。

人類的黃金時期即將來臨

現在正在撞擊地球的能量，將啟動並為你專注的事物灌注能量。對於那些敏感並專注於靈性道途的人而言，這些新能量將讓事情比以往更加順利。每扇門都是開啟的，關係變得更美好。你也許發現，自己向內觀照去找尋你不斷追求的答案。在你放手讓舊事物離去並接受新事物的到臨時，你也許會經歷短暫的困頓時光。你們有許多人已經經歷了這一段調適期間，在另一頭等待你的是更好的生活，充滿更大的豐盛、愛與成功。欣賞和感謝你的課題，如果它們出現，明白它們只是預備你能夠處理更高振動的能力。

你也許發現人們仍處於他們的痛苦或困難中，你也許仍聽聞許多混亂的世界事件。當你到達更高的次元，你的挑戰會是——記住你現在的平衡將來自與更高世界的連結而非周圍的人。當你達成這連結，你將為人們提供穩定和平衡。重要的是，幫助那些你看見對適應新的振動有困難的人，而非被他們的恐懼擄獲。當你開放通靈，你是那個維持光明、為人們帶進正面的鼓勵和方向的人。這是一段擁有大好機會的時光，人類最偉大的音樂、藝術、創作和文化表達，將在這個更高振動的影響下發生。

找到開始的時機

珊娜雅和杜安：

從歐林和達本開始建議我們教導通靈以來，已有兩年的時間。我們看到數百人因為連結他們的指導靈或源頭本我、喚醒他們的內在老師、探索他們轉化自己和人們的能力而獲得對生活的掌握。我們看到人們透過通靈在生活上成功、變得更快樂、更富足，並找到他們的生命目的。我們自己的通靈經驗也大幅地豐富我們的生活，我們從歐林和達本身上發現源源不絕的愛、指引和成長。

根據我們自己以及很多人的經驗，通靈是可以學習的技巧。指導靈在人們要求連結時，確實會到臨。歐林和達本是對的，我們從觀察並協助人們開放通靈之中，得到了深刻的滿足。人們是可以開悟的，能夠到達他們想要到達的更高意識狀態。通靈是其中一道門，我們非常感謝有機會能將它提供給你。

在你放下這本書之前，請決定什麼時候你要開放通靈並連結你的指導靈。閉上眼睛，安靜地坐下來，要求你的大我給你一個可以開始的日期。有可能是今天，也可能是一年之後。

一旦你有了一個日期，問問自己是否真的想在那個時間通靈。會不會太快了？或是太久，你其實不需要那麼多的時間準備？繼續觀想一個日期，直到你感覺它是最好的日子。張開你的眼睛並在日曆上註記這個日期，然後放下書。你的大我現在將會開始為你帶來所有的環境、同時性事件、成長的機會和讓它發生的必要事件。當你依從內在訊息行動，你所做的任何事都會預備你的開放通靈。

附錄——

歐林和達本的書及相關資訊

地球生活系列 I

◆喜悅之道——個人力量與靈性轉化的關鍵

這本書教導你如何愛和滋養自己，活在更高的目的中，並找到生命的目的。你將學習如何散發愛，保持慈悲、寬容與寬恕，感覺內在的平靜，向前大步躍進，獲得清晰明白，向新的事物開放，信任內在指引、轉化負面能量為正面並能開放去接受。你將藉由增加愛的能力，學習提升自己的振動，擁有更高的自尊，在周遭創造和諧、清明和寧靜。活得喜悅而不掙扎。

地球生活系列II

◆個人覺醒的力量——能量敏感人士的指導手冊

這本書是循序漸進而不斷加快腳步的能量感知課程。運用這些很容易執行的過程，成千上萬的人學習在他們的關係、自我影像和愛與被愛的能力上，創造即刻而深遠的改變。你不需要被人們的情緒和負面所影響，你能認出自己何時感染了人們的能量而能輕易地釋放它們；你能學習停留於核心並保持平衡，明白自己是誰，增加自己周圍的正面能量，並幫助和療癒別人。你的敏感是一種禮物，學習運用它來送出和接收心電感應的訊息，增加你的直覺能力並向更高的指引開放。你能離開較濃密的能量，在這種狀態下，事情常常先是顯得痛苦，然後活在更高的能量中，感覺更多的愛、平靜、專注與正面。

地球生活系列III

◆靈性成長——成為你的大我

《靈性成長》教導你如何在每日生活中成為你的大我，開創更高的目的願景，並快速而輕易地實現想要的一切。如果你想探索針對大我的通靈，這本書能協助你這麼做。你將學習運用光來療癒和成長，連結宇宙心智來增進創意，並與你的大我意志相連來實現你的更高目的。你將學習揭開幻象的面紗，看見真相、伸縮時間、提升振動，達到更高的意識狀態，開放心胸，並以更新和充滿愛的方式認識你自己。《靈性成長》教導你運用保持中立、正確使用意志、對人們的能量保持通透，以及如同大我一般地溝通的技巧，來享受更滿意的人際關係。你將學習作為一個光源，並透過對世界的服務成長。

這本書對於想要更認識自己是誰、知道自己為什麼來到這裡和來這裡做什麼的人，提供靈性成長的下一步。你可以對準進入地球的更高能量，運用它們創造你能想像的最美好的生活。這些十分容易學習的過程幫助了成千上萬的人向前躍升、加速靈性成長，並在生活中擁有更多喜悅、和諧、寧靜與愛。

◆創造金錢——吸引豐盛

這本書，不僅是創造金錢——它更是一本關於顯化藝術的指導手冊，逐步指引你運用先進的能量技巧、磁化和靈性的豐盛法則，發現並開創你的人生志業，轉化限制性的信念，創造奇蹟並吸引你想要的一切。重要的是，身為光之工作者，你擁有你需要的工具去獲得豐盛與成功，並將你的助人工作推廣到世界。重要的是，金錢成為這個星球的一種光源，讓像你這樣貢獻光明與美好的人能夠吸引豐盛。

靈魂生活系列

◆靈魂之愛——開啟心輪

當你閱讀《靈魂之愛》這一本書，你不僅僅是讀書，你還踏上了轉化的旅程。你

是展開一趟遇見你的靈魂並學習如同靈魂一般去愛的美妙探險。當你向你的靈魂的愛和智慧開放，許多美好的改變將發生，你種下成長與擴展的種子，它們將在數週或數月內開始發展。有些會立即萌芽，有些則會隨著時間綻放美麗的花朵。

相關課程

◎開放通靈課程（三個階段）

開放通靈Ⅰ

在這個課程中，歐林和達本的能量將加入你，幫助你與你的指導靈相見並學習通靈。歐林和達本將引導你經過所有的通靈步驟，包括放鬆、專注、感知生命能量、在心智層面上與你的指導靈相會、出神姿勢、口述通靈及六個達成出神的狀態，並引導你為自己解讀，看見你的未來，並幫別人進行一次解讀。

通靈技巧 II

這個通靈課程將教導你運用你與指導靈的連結，取得你對自己或其他人的通靈資訊，包括過去世、情緒能量體、心智能量體和身體能量以及脈輪的狀況。你將探索心意連結並旅行到未來世紀，打開願景的能力。課程中亦並包含開啟喉輪的方法，以帶進指導靈更加完整的能量、智慧和表達。珊娜雅和杜安會談及通靈如何突破到新的層次，以成為更清晰的管道並達到更深的出神狀態。

演進你的通靈技巧 III

這個課程是為了已經達到口述通靈的人，學習通靈新的資訊並強化與指導靈的連結。學會進入更深層的出神，成為更清晰的管道，認出核心信念並學習站著通靈。你將學習通靈你自己的和人們的人生目的、父母制約程式、人際關係模式、關係的更高目的、你的人生目的、你的工作或是每日活動的更高目的。課程並包括珊娜雅和杜安對人們的提問所作的回答，包括：如何對自己的通靈更有信心、放下懷疑、帶進新層次的資訊……等等。

◎發現你的生命目的

這個課程讓你發現並實現你的生命目的。你將和你的大我以及大師們一起工作，認識你真正的道路，加入世界計畫，看見你的工作的更大畫面，創造理想的工作，為自己吸引客戶、生意、學生和機會。明白自己正走在正確的道路上，看見自己是一個領導者，從更高的次元呼請協助，並進入大師光殿為你的工作灌注能量。

◎開啟光體

七十二個冥想逐步建構靈性成長的程式。這個課程只有在你探索形而上科學並踏上成長旅程一段時間之後，當你預備快速躍升並加速你的成長時，才建議學習。許多學習開啟光體的人發現，它能大幅提升他們的通靈能力。你將學習如何感知更高世界的精微能量，以及達到放大而擴展的意識狀態，在那裡，通靈變得更加清晰，你與指導靈的連結也更強大。你將練習打開你與你的大我、靈魂和指導靈的訊息管道，你將學習運用七個能量中心來調和你的身體、情緒體、心智體和靈性體，讓你更能覺察並開啟你的三個光體中心。這些中心並非脈輪。如果你感覺自己準備好躍升到更高的意識，你可以加入開啟光體的學習。

- 歐林中心還有許多歐林和達本幫助人們進化的探索和導引。原文課程請上歐林官網，網址是：www.orindaben.com，或造訪 Lucia 的部落格：http://blog.xuite.net/lucialuo，上面有工作坊的中文資訊。

心靈成長系列 135

開放通靈——如何連結你的指導靈

原著書名／Opening to channel
作　　者／珊娜雅・羅曼（Sanaya Roman）&杜安・派克（Duane Packer）
譯　　者／羅孝英
執行編輯／黃品瑗
資深主編／郎秀慧
經　　理／陳伯文
發 行 人／許宜銘
出版發行／生命潛能文化事業有限公司
聯絡地址／台北市信義區 (110)和平東路3段509巷7弄3號B1
聯絡電話／(02)2378-3399
傳　　真／(02)2378-0011
郵政劃撥／17073315（戶名：生命潛能文化事業有限公司）
E-mail／tgblife@ms27.hinet.net
網　　址／www.tgblife.com
郵購單本九折，五本以上八五折，未滿1000元郵資60元，購書滿1000元以上免郵資

總 經 銷／吳氏圖書有限公司・電話／(02)3234-0036
內文編排／菩薩蠻電腦科技有限公司・電話／(02)2917-0054
印　　刷／承峰美術印刷・電話／(02)2225-7055

2011 年 1 月初版
2011 年 5 月初版二刷
定價：350 元

ISBN：978-986-6323-22-5
Opening to Channel
by Sanaya Roman and Duane Packer

行政院新聞局局版台業字第5435號　如有缺頁、破損，請寄回更換

開放通靈：如何連結你的指導靈 / 珊娜雅・羅曼（Sanaya Roman）&杜安・派克（Duane Packer）著：羅孝英譯. -- 初版. -- 臺北市：生命潛能文化, 2011. 01
面；　公分. --（心靈成長系列；135）
譯自：Opening to channel：how to connect with your guide
ISBN 978-986-6323-22-5（平裝）

1. 通靈術
296.1　　99023957

讓生命潛能 帶你探索心靈世界的真、善、美
Life Potential Publishing Co., Ltd